科技示范园分布图

山东省农业科学院"三个突破"攻坚年动员大会

山东省农业科学院党委副书记贾无调研科技示范园选址

科技示范园智慧农业项目开工仪式

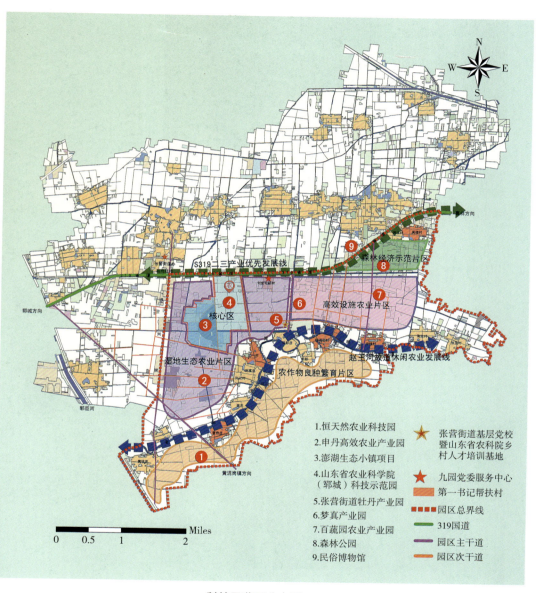

科技示范区分布图

科技示范区启动仪式

山东省副省长陈平到科技
示范区视察

郓城县县长张晖邀请山东省
农业科学院专家指导科技示
范区蔬菜生产

科技示范县分布图

山东省农业科学院、郓城县人民政府"双百行动"经验交流会

山东省农业科学院专家指导的郓城胡庄首届葡萄文化节开幕

山东省农业科学院党委书记李长胜现场调研林下经济＋种养新模式

山东省农业科学院专家现场示范大豆玉米带状复合种植农机播种作业

山东省农业科学院郓城乡村振兴研究院成立

山东省农业科学院党委书记李长胜，菏泽市副市长、郓城县委书记姜凌刚共同为郓城乡村振兴研究院揭牌

山东省农业科学院副院长陶吉寒向郓城县委党校授予乡村夜校牌匾

农科好郓乡村夜校直播现场

农科好郓

——乡村振兴科技引领型齐鲁样板郓城示范县创新实践

张文君　郜玉环　赵　佳　著

中国农业出版社

北　京

序

　　2013 年 11 月 27 日，习近平总书记亲临山东省农业科学院视察，首次作出"给农业插上科技的翅膀"重要指示。2018 年，总书记在参加十三届全国人大一次会议山东代表团审议和在山东考察时两次强调"打造乡村振兴的齐鲁样板"。2020 年以来，我院将"给农业插上科技的翅膀"与"打造乡村振兴的齐鲁样板"重要指示有机融合，打造出"科技帮、合伙干、产业兴、农民赚"的乡村振兴科技合伙人模式，蹚出"给农业插上科技的翅膀"的新路子，初步形成乡村振兴齐鲁样板的"农科模式"。

　　"农科到、好郓来，科技引领、乡村振兴"，三年来，300 名农业科技人员带着新品种、新技术、新模式、新设备先后踏上郓城这片热土，科技引领郓城农业产业高质量发展。226 个新品种生根发芽，214 项新技术落地推广，推动县域到位率达 100%；10 大类 300余处创新载体平台陆续建成，22.58 亿元的山东省重大实施项目获批，14.35 亿元资金如期落地。院地多元要素"合伙"，形成了**"引爆示范园—带动示范区—辐射示范县"点线面有机衔接农科好郓样板。**

　　作为这场实践的亲历者，我见证了农业科技人员在郓城大地鞠躬尽力、坚持不懈的生动写照，看到了千年古县郓城搭乘科技列车在广袤田野上结出的累累硕果。因此，组织相关人员撰写《农科好

1

郓》，记录打造乡村振兴科技引领型齐鲁样板郓城示范县的创新实践。

统揽该书，既有"1园10产N区"整县域农业产业发展规划实施的成功案例，又有"农科好郓"样板的形成过程以及由此带来的经济效益、生态效益和社会效益的展现。通过此书，既能了解科技引领支撑乡村振兴齐鲁样板的丰富内涵，又能沿着科技人员栉风沐雨踏出的足迹，寻觅更多破解农业技术难题、打通农业产业堵点的思路和方法。希望借助此书能够为全面推进乡村振兴提供一定参考和借鉴，让农业借助科技的翅膀腾飞起来。

贾　无

2023 年 7 月

目 录

第一章

希望田野——郓城实践

　　三年来，山东省农业科学院以举院体制与郓城县委县政府携手，坚持科技就是第一生产力、人才是第一资源、创新就是第一动力，以农业科技为引领，打造"科技示范园引领科技示范区辐射带动全县域"发展的农科好郓整县域乡村振兴样板，并在实践中不断完善提升，走出了科技引领推动乡村产业、人才、文化、生态、组织振兴的新路子。

一、农科好郓策源地

从空中俯瞰齐鲁大地，东部半岛地区缓丘逶迤起伏，中南部山地丘陵突起，西部、北部则是由滔滔黄河水挟带泥沙奔腾而下，历经成千上万年冲积形成广袤无垠的平原。人们世世代代在这片土地上居住、生息、劳作，波澜不惊。

时针指向 2020 年的 8 月，在鲁西平原上的郓城县，田野里、大棚中，实验室、车间里，一下子来了一群人，他们的足迹遍布田间地头，他们的汗水挥洒郓城大地，他们的奋斗姿态闪亮乡村，他们躬身一线，指导农业生产，用行动建设乡村。为了乡村全面振兴，有时独当一面、悉心指导，有时集体行动、协同发力。

这一切，源于山东省农业科学院实施的一项重大决策——

2020 年年初，山东省农业科学院将"给农业插上科技的翅膀"确定为总战略，以破解科研生产"两张皮"为着力点，以"推倒四面墙、迎来八面风"为总基调，大力推进科技体制机制改革，深入实施科技引领乡村振兴齐鲁样板打造——即利用 3 年时间，选派 300 人，投资 3 亿以上，在山东西、中、东部分别选择郓城、费县、招远 3 个县，聚力打造乡村振兴科技引领型齐鲁样板示范县。

2020 年 6 月 19 日，召开全院动员大会。会上，院党委书记李长胜阐述了实施这一战略的必要性和紧迫性。"这是党中央交给我们的重大任务"。党的十九大报告首次提出实施乡村振兴战略。2018 年 3 月 8 日，习近平总书记在参加十三届全国人大一次会议山东代表团审议时，要求山东充分发挥农业大省优势，打造乡村振兴的齐鲁样板。2018 年 6 月 14 日，总书记在视察山东发表重要讲话时，又提到，要发挥农业大省优势，扛起农业大省责任，全力做好"三农"工作，打造乡村振兴的齐鲁样板。

厚望如山，深情似海。作为省级农业科研单位，要顺应发展大势，在全面建成小康社会、全面打赢脱贫攻坚战之际，抢抓重大发展机遇，承担打造乡村振兴齐鲁样板的重大任务，做好科技示范引领，蹚出一条崭新的路子。

"这是总书记对我们的殷切嘱托"。2013 年 11 月 27 日，习近平总书记视察山东省农业科学院时首次提出"要给农业插上科技的翅膀"。农科院要做的工作就是，把落实"给农业插上科技的翅膀"和"打造乡村振兴齐鲁样板"重要指示有机融合起来，探索农业科研单位应该发挥什么样的支撑作用，打造什么样的具有代表性的齐鲁样板。毋庸置疑，就是要肩负起主力军的作用，让乡村振兴中融入科技要素，打造出区域性的乡村振兴科技支撑型齐鲁样板。

"这是时代赋予我们的新的历史使命"。作为山东省唯一的省级综合性、公益性农业科研机构，服务"三农"，为现代农业发展提供科技支撑是责无旁贷的历史使命。当前，中国特色社会主义进入新时代，我国面临百年未有之大变局，"三农"事业同样面临着错综复杂的发展局面和日趋激烈的竞争挑战。我国是一个有着 14 亿人口的大国，农业基础地位任何时候都不能忽视和削弱。如何进一步巩牢农业基础地位，更好地发挥农业"压舱石"和"稳定器"作用，是新时代赋予农业科研单位的重要使命。

"这是把研究成果送到农民手中的有效途径"。2020 年，山东省农业科学院开展了"推倒四面墙、迎来八面风"解放思想大讨论。"推倒四面墙"，科研人员才能更加顺利地走出实验室，走出办公楼，到生产一线去。赵振东院士常说："如果你怕热，育出来的品种就不耐热；如果你怕冷，育出来的品种就不耐寒。"王法宏研究员也是一年有一半以上的时间到农村去，为农民服务，受到了总书记的表扬。深入一线，走好与工农群众相结合的道路，走好与实践相结合的道路，这是新时代农科院科研人员行走的正确道路。2020 年的中央一号文件明确提出，要推动更多科技成果应用到田间地头。许多先进模范人物的事迹证明，农业科研人员只有几十年如一日扎根基层、深入一线，才能打通实验室和田间地头的最后一公里，才能真正把成果送到农民手中。广大科研人员如果不到基层，不亲手把成果送到农民手里，即使科研成果获得再高的奖，也要打个问号、打个折扣。

"打造乡村振兴齐鲁样板这项工作进展如何，特别是科技支撑乡村振兴齐鲁样板这项工作抓得怎么样，我们承担着重大责任。所以，我们必须得有一种责任感，必须得有一种紧迫感，必须得有一种使命感，一定要尽快打造出乡村振兴齐鲁样板的典型。"山东省农业科学院党委书记李长胜与科研人员交流时说，"假设有一天总书记再来山东视察，假设有一天总书记再来我院视察，询问你们的齐鲁样板打造得怎么样？你们的齐鲁样板在哪里？我们该如何作答？因此，打造齐鲁样板，既要有压力，更要有动力，既要有决心，更要有信心。

我们农科院打造的齐鲁样板要融入农业科技的元素，几年之后，让总书记看到，这就是科技支撑型的乡村振兴齐鲁样板。"

山东下辖 136 个县（市、区），山东省农业科学院打造乡村振兴齐鲁样板，为何会选择菏泽郓城作为示范县？

二、千年古县蕴丰稔

郓城是东部沿海发达地区与中西部资源富集区的过渡地带，黄河流经县境 28 千米，国家级"农"字号试点、农产品公用品牌、农业专家智库、农业 PPP 项目等工作走在菏泽市乃至全省前列。因推广 PPP 模式成效明显、社会资本参与度较高受到国务院表彰。作为鲁西平原的代表县，选择打造郓城是山东省委省政府的决策和要求，也是山东省农业科学院必须承担的政治任务，对打造黄河下游生态保护和高质量发展示范区、中原城市群对接合作先行区、鲁西崛起战略引擎具有深远的历史意义和现实意义。

郓城县位于山东省西南部，东邻济宁市的梁山、嘉祥两县，西接鄄城县，南连巨野县、牡丹区，北隔黄河与河南省台前县、范县相望，辖 22 个乡镇街道、1 个省级经济开发区，691 个村（社区），128 万人，总面积 1 633 平方千米。先后承担了首批国家新型城镇化综合试点、全国深化县城基础设施投融资体制改革试点、全国农民工等人员返乡创业试点、全国乡村治理体系建设试点和山东省中等城市培育试点、山东省财政金融政策融合支持乡村振兴战略制度创新试点等 26 项国家级、52 项省级示范试点任务，数量全省名列前茅。被授予全国新型城镇化建设示范县城、全国电子商务进农村综合示范县、全国农产品质量安全县、国家园林县城、省级文明县、山东旅游强县、山东省长寿之乡、山东省文化强省建设先进县、山东省首批电子商务示范县、山东省食品安全县、山东省法治政府建设示范县等荣誉称号，获评中国地名文化遗产"千年古县"，入选"全国文明城市"提名城市。

近年来，郓城县坚持以习近平新时代中国特色社会主义思想为指导，全面贯彻落实中央和省、市委各项决策部署，聚焦"旗帜鲜明讲政治，一心一意谋发展，坚持不懈惠民生"三个工作重心，"实"字当头、"敢"字为先，埋头苦干、勇毅前行，全县经济社会发展呈现出稳中有进、活力迸发的良好态势。2022 年，实现地区生产总值 514.5 亿元、增长 2.5%，总量位居菏泽市第二；

一般公共预算收入达到37.3亿元、增长6.2%，总量位居全市第二、山东省各市县第21位；城乡居民人均可支配收入分别达到33 563元、18 378元，增长4.2%、6.5%；税收收入达到27.3亿元、增长1%，总量位居全市第一；规模以上工业企业发展到424家，总量位居全市第二；规模以上工业总产值达到684.7亿元，增长8.1%，工业增加值增速达到6.2%，主要经济指标继续保持全市领先。

文化底蕴深厚。历史文化悠久，被认定为"千年古县"，是全市第一个、全省第十三个，素有"书山戏海、筝琴之地"之称，是闻名全国的武术之乡、戏曲之乡、书画之乡、古筝之乡、曲艺之乡。水浒文化特色鲜明，是水浒文化的发祥地，一部《水浒传》使郓城名扬天下，境内至今仍保留着大量的水浒元素，并建有水浒好汉城国家4A级旅游景区、宋江湖国家3A级旅游景区。红色文化基础较好，是冀鲁豫革命老区，现存鲁西南战役指挥部旧址等红色资源21处。

自然资源丰富。境内煤炭资源丰富，探明储量30.81亿吨，境内有赵楼、郭屯、彭庄、李楼四口矿井，核定产能840万吨/年，是全国重要的现代能源基地。郓城县地处黄河下游冲积平原，黄河流经县域28千米，是山东省实施黄河重大国家战略的重点县，现有永久基本农田147.75万亩*，是全市唯一的高标准农田建设整县制推进县。

交通区位便捷。境内路网四通八达，距菏泽机场、曲阜机场仅有一个半小时车程，三条高速和四条国道省道穿境而过，雄商高铁郓城站正在加快建设，鲁南高铁郓城段已建成通车，德郓高速、郓郓高速等重大交通工程正在扎实有序推进，是鲁西南重要的交通要道。

工业经济活跃。郓城民营经济持续蓬勃壮大，形成了纺织品、木制品、酒类包装制品等传统主导产业，具备了一定的产业基础。先后被评为山东省民营经济先进县、山东省中小企业发展先进县、中国酒类包装之都、中国棉纺织名城。同时，以生物医药、高端化工为主导的新兴产业也快速发展。郓城化工园区是全省第一批认定的省级化工园区，也是全省重点培育的循环经济示范园区、鲁南国家级煤化工产业示范基地的重要组成部分；生物医药产业园是菏泽市"一港四园"中的"四园"之一，规划占地1.5平方千米，主要发展生物医

---

* 亩为非法定计量单位，1亩≈667米²。

药、高端医疗器械等产业，有望打造为全市生物医药产业高地。

农业基础稳固。全县粮食总产超过 26 亿斤*，并且连续十多年稳定在 20 亿斤以上，是全省四个国家超级产粮大县之一。在全市率先发布"好郓来"农业区域公用品牌和"e 品好郓"电商区域品牌，"三品一标"发展到 206 个，市级以上"一村一品"专业村达到 25 个。全县新型农业经营主体发展到 5 773 家，规模以上农副产品加工企业发展到 262 家，国家级龙头企业 2 家，省级龙头企业 8 家，位居全市首位。是全国粮食生产先进县、国家级绿色种养循环农业试点县、国家肉牛优势产业集群创建县、全国主要农作物生产全程机械化示范县、全省农业社会化服务试点县。

三、院地牵手促共赢

山东省农业科学院坚定不移贯彻落实习近平总书记关于"三农"工作重要论述，通过院地多元要素融合，用 3 年时间探索形成了乡村振兴科技引领型"农科好郓"样板，蹚出"给农业插上科技的翅膀"新路子，初步打通了科技进村入户（入企）通道，形成了乡村振兴齐鲁样板的农科模式。内含体现在三点：

高起点的科技引领。以数智化、优质化和品牌化为标准，巩固全国超级产粮大县、畜牧大县发展优势，谋划制定"一园十产 N 区"产业布局，成为引领郓城农业高质量发展的航标。

高效率的辐射带动。院地共建一处 3 000 亩科技示范园，实现粮油、畜牧、家禽、蔬菜、果树、预制菜等 10 大产业转型升级，搭建 52 个可复制可推广的样板工程，打造整县域 100 个 N 区亮点，实现新品种、新技术、新模式、新装备县域全覆盖，为郓城农业产业注入了新活力。

高质量的产研融合。以共建科技示范园、帮包村、科企创新联合体、利益共同体等为点，以全产业链协同发展为线，以整县域乡村振兴为面，形成"以点带面、连片示范、辐射全县"的农科好郓样板。

3 年来，按照"抽硬人、硬抽人"原则，山东省农业科学院先后向郓城县选派挂职人员 300 人次，其中挂职第一镇长 57 人次，挂职企业/合作社科技副

---

* 斤为非法定计量单位，1 斤＝500 克。

总 83 人次，指挥部驻点人员 13 人次，定点"帮包村"负责人 8 人次、样板工程所长 12 人次、"产业链长"11 人次、"双百工程"首席博士 90 人次，挂职人员在郓城乡镇（街道）、涉农产业实现了全覆盖。挂职人员立足郓城农业产业发展实际需求，以巩固郓城粮食大县、畜牧大县发展优势为切入点，扎根田间地头，走进种养大户、合作社和农业企业，包村、包镇、包产业，用最好的技术助力郓城农业增产增收。

——把"挂职"当"任职"，"安家式"帮扶建设。小麦专家樊庆琦，以郓城粮油产业链为引领，聚焦郓城小麦生产能力提升，推动我院良种在郓城覆盖率实现 100%，协助郓城落地国家级小麦制种大县项目，资金总额 1.5 亿元。肉牛专家姜富贵，立足郓城肉牛产业资源禀赋，研发营养饲料，促进养殖废弃物资源化利用，实现每头牛增效 1 500 元，产业链直接经济效益增加 4 500 余万元。花生专家王通帮助企业新增效益近 100 万元、示范园花生产业新增效益 54.8 万元，协助郓城申请各级各类项目 10 个，经费达 2 亿元。葡萄专家陈迎春，指导葡萄标准化生产、科学化管理，实现亩均增收 3 万～4.5 万元；协助合作社注册"绿之晶"品牌，实现从"卖葡萄"转向"卖标准""卖品牌"……

这些专家"驻村驻点"，把"挂职"当"任职"，扎根基层，服务农民，不是"蜻蜓点水"走过场，而是真心实意地做给农民看、领着农民干、带着农民赚。他们年平均在郓城工作 210 天以上，真正把郓城当成自己的家。他们秉承"解决问题是基础，探索模式是关键，提质增效是根本"的总要求，铸造科技之翼，助力乡村振兴，赢得了郓城上下的充分认可和老百姓点赞。

——致力于打造整县域科技引领型乡村振兴齐鲁样板。乡村要振兴，产业振兴是关键。西部选择菏泽郓城，就是要在欠发达的传统农业地区，探出一条乡村产业振兴的新路。

山东省农业科学院郓城指挥部结合郓城资源特色和农业水平，按照"稳固提升粮食产能保障粮食安全、特色农业产业高产高质高效集约发展、黄河流域高质量发展和生态保护"等发展理念，突出顶层设计，谋划制定了"一园十产 N 区"的整县域农业产业发展布局。高标准建设占地 3 000 亩的集科技示范、成果推广、科普教育于一体的智慧化、信息化科技示范园区，通过全链条融合、全过程绿色、全环节智慧的发展路径，全面示范推广国内和省内领先的农业科技成果和先进适用技术，发挥园区平台集聚和辐射带动效应，打造新品种、新技术的"大观园"，兼具科技成果示范引领"之实"和农业休闲观光

"之美"。

"一年初见成效，两年形成特色，三年基本完成"。朝着这个目标，郓城指挥部带领挂职人员奔赴生产一线，瞄准郓城农业产业发展关键问题，发挥在人才、项目、团队方面的优势，优选郓城当地粮油、畜牧、家禽、蔬菜、果树、葡萄、中草药、花卉、预制菜等10大特色产业，依托山东省农业科学院多学科协同支撑，打造N个重点项目示范区，包括黄河流域粮食优质高产高效示范基地、绿色番茄标准化生产示范基地、西陈庄休闲观光田园综合体、生猪生态循环产业示范园、黄河流域芦笋大健康庄园、现代葡萄产业示范园区、粮—菌生态循环农业示范基地、木瓜三产融合示范基地等重点项目示范区。从全产业链融合发展的角度，注入农科院的科技要素，创建引领郓城县农业产业高质量发展高地。

——创新赋能载体，全面推进乡村振兴。为全面推进工作开展，郓城指挥部全力做好规模化、标准化、品牌化三篇文章，探索"链长制""所长样板工程""首席博士双百工程""企业挂职科技副总"等形式，实施"专家＋农民"利益共同体、链长制、科教兴村、三田合一、党组织＋专家＋合作社、科企创新联合体、科技兴企、科技示范园、农业科技社会化服务和乡村人才培育等路径，组织开展集中科研攻关、研发新产品、创立新品牌，形成了种源优良化、生产标准化、加工产品化的全产业链高质量发展示范样板。

通过"强链、延链、补链"等措施，促进种养结合、高效生态、农牧循环、绿色发展等产业化模式的示范应用，全面提高全产业链体系的韧性和稳定性。目前郓城规模以上农业产业化龙头企业发展到262家，省级以上龙头企业10家，认证"三品一标"206个，市级以上"一村一品"专业村25个。此外，积极为郓城县争试点、争政策、争资金和引项目、引技术、引人才。帮助争取各级各类项目130余项，合同金额超过110亿元；加强招商引资力度，拓宽农业产业融资渠道；引进一批省内外优质企业、高新企业等，带动一、二、三产业融合发展。

截至目前，累计推广新品种226个、新技术214项，县域到位率达100％。推动29个主导产业全链条转型升级，线上线下培训新农人274万人次，培育带动了300多名"土专家""田秀才""棚医生"，实现经济效益14.88亿元。"三争三引"成效显著，落地资金14.35亿元，科技示范园引入社会资本2.5亿元，获批省重大实施项目资金22.58亿元。

这一串串数字的背后，充分彰显了科技的力量。

行走在郓城大地，阡陌田间，耳畔响起那首曲调优美、传唱多年的歌曲——

"我们的家乡，在希望的田野上。炊烟在新建的住房上飘荡，小河在美丽的村庄旁流淌。一片冬麦，那个一片高粱；十里哟荷塘，十里果香……"

第二章

核心引爆——科技示范园

　　三年来，院地携手打造了乡村振兴科技引领型齐鲁样板示范县的核心引爆点——郓城科技示范园。科技示范园始终按照"5个3"思路建设（3年时间、3大板块、示范3 000亩、亩增收3 000元、带动3万亩），以"全链条融合、全过程绿色、全环节智慧、全渠道销售"为发展路径，坚持技术创新、模式优选、装备集成、生产示范和辐射带动，全方位展示新品种、新技术、新模式、新装备，现成为引领鲁西平原地区农业高质量发展的科技创新高地，成功入选省级农村产业融合发展示范园名单。

一、筑巢引凤展鸿翅

蓝天白云之下，一方方水塘中，荷叶苍翠欲滴，荷花竞相开放，水生植物蓬勃生长，蝴蝶围绕着轻飞曼舞，间或有水鸟从身旁飞过……两年前的一片洼地，而今变成了"高大上"的农文旅融合片区，成为参观学习的目的地、游客们流连忘返的打卡地。

郓城煤炭资源丰富，郓城煤矿是巨野煤田的主要组成部分，煤田总面积624.6平方千米，探明地质储量30.81亿吨，但随着煤炭资源的开采利用产生了大量采煤塌陷地。在科技示范园内就有1 280亩的采煤塌陷地，地势高低落差大，土地利用率极低，植被稀疏，以芦苇、杂草为主。如何有效改造、除弊兴利，是横亘在众人面前的一道难题。

难啃的骨头也要有人啃。山东省农业科学院郓城指挥部带着三年帮扶任务抵达郓城后，积极行动，与湿地农业与生态研究所专家对接。经过多次调研，确立了改造目标：把采煤塌陷地打造成一个多样性湿地生态系统，使其具有较高观赏价值、生态价值和经济价值。邀请莲藕、水稻、养殖、生态修复等各方面专家，实地勘查，多渠道汇集项目、技术、资金，因地制宜编制了《郓城藕莲渔一体化特色种养基地概念性规划（2022—2025）》《山东省农业科学院郓城科技示范园湿地生态农业片区规划设计》《塌陷地平面布局图及做法详图》《塌陷地湿地生态建设施工图》等。

同时，院地引进国有企业郓财集团投资3 360万元，依托山东省农业科学院的科技支撑优势，按照规划高标准建设了标准化藕池、稻田灌排体系、生态沟渠湿地、交通道路等基础设施，新建莲藕池120个，修复生态沟渠3 594米，田间道路2 272平方米。昔日的塌陷地，成功变身，形成的采煤塌陷地治理典型生态案例在菏泽全市推广并推介到全省。

骄阳似火、彩旗飘扬，原来科技示范园又迎来了一桩喜事。2023年6月30日8点18分，示范园的智慧农业项目开工仪式拉开了帷幕，与会者个个汗流浃背，但都掩饰不住内心的喜悦。总投资2.5亿元的项目，就是由院地共同引进的社会资本企业江西壹号农业科技有限公司承担建设。该公司是国内知名的现代农业企业，形成了集现代种植、良种研发、净菜加工、生鲜配送、现代智慧农贸市场运营为一体的全链条产业。此次落户郓城，将在示范园建设40

亩直播仓储集配中心、70亩工厂化鱼菜共生生态区、247亩数智化蔬菜设施种植区等三大智慧板块，开发集采集配、科普研学等两大平台，同时在郓城县建设16亩智慧化农贸市场。作为科技示范园引进的第一家民间资本，江西壹号为示范园可持续运行注入新活力，为郓城现代农业高质量发展提供新引擎。

这也是山东省农业科学院和郓城县委县政府，院地共同推动科技示范园建设的又一重大举措，真正推动将科研"独唱"转变为政产学研金服用"大合唱"，实现多方合作共赢。

二、高瞻远瞩铸辉煌

三年前，在挂职动员会上，院党委号召挂职人员，"一定要敢想敢干，打造出具有原创性的模式和样板，创造出能成为全省乃至全国经验的样板。"山东省农业科学院郓城指挥部指挥长张文君说，"到底什么样的模式是乡村振兴齐鲁样板，现在没有固定的答案。在实际执行过程中，要因地制宜，结合当地特色、优势产业来精准施策。"

经过充分调研，指挥部紧密结合郓城县乡村振兴和"十四五"规划方案，积极对接国家、省内顶尖设计企业及院专业团队，制定了"一园十产N区"产业规划方案，形成科技示范园、农业科普园、智创示范板块、科技引领板块、农文旅融合板块等各类设计方案。与赵春江院士团队沟通，确立了示范园数智化提升方案，引进省移动公司搭建乡村振兴赋能平台，大幅提升园区网络设施、数字孪生、巡航作业等方面的信息化、智慧化水平，高标准打造数智化园区。

时间拉回到2021年9月29日，乡村振兴科技引领型齐鲁样板郓城示范区暨山东省农业科学院郓城科技示范园建设启动仪式举行，时任山东省农业科学院副院长贾无、郓城县委副书记何元，以及郓城县委县政府及有关单位领导专家们共同参加。贾无指出，"这是农科院第一家正式启动院地合作的科技示范园，要高质量的建设好，真正引领郓城示范县的发展。"科技示范园位于S319省道以南，距嘉祥西高速口9千米，距离郓城县委县政府9千米，交通方便，地理位置优越。

从这一天开始，科技示范园建设进入了快车道，在郓城县委县政府的大力支持下，专门组建科技示范园领导小组，形成院地齐抓共管、各级协同联动的工作推进体制。2021 年 10 月，山东省农业科学院、张营街道办事处、郓城县丰稔专业合作社就示范园建设运转签订三方运维协议，形成了省农科院负责成果示范、张营街道负责土地流转、合作社负责运营维护的运转机制。

时间就是效率，在协议签订不到一个月的时间内，完成了科技示范园的土地流转，共流转 127 户农民土地 1 550 亩，支付地租 210 万元。"请农科院领导放心，保证在规定时间内完成土地流转"，张营街道办事处刘一村党支部书记陈玉山的承诺掷地有声。科技示范园大部分土地为刘一村所有，自从科技示范园确定在这里建设，陈玉山每天都要到园区走一走、转一转，看看还有哪些问题需要解决。

2022 年 6 月 11 日，经过多方争取，160 亩建设用地通过正式批复，奠定了示范园持续发展的基础。2022 年 11 月 2 日，经过规委会上会审批，整个科技示范园进入全面紧张的建设阶段。与此同时，山东省农业科学院紧紧抓住国家、省、地方推进乡村振兴的政策红利，拓宽涉农项目、专项债券等多项渠道，围绕示范园建设申请立项包括亚行债券、国家制种大县补助、首批省乡村振兴推进区和示范区等项目，已落地资金近亿元，汇聚源头活水，强力推动示范园动能转化。

三、科技引领呈高地

科技示范园中最重要的元素"土地"有了，山东省农业科学院的专家们大显身手的机会也来了。

先来看看作为粮食大县的成绩。2021 年下半年，罕见的秋汛导致郓城错过最适宜播种期。"大雪即将到访，如果不能开播，又要推迟至少半个月以上，天气和时间不等人。"2021 年 11 月 4 日，山东省农业科学院作物研究所副研究员樊庆琦盯在示范园，一次次查看深耕后的土壤墒情。经过与县农业农村局植保站站长朱以发和作物研究所栽培专家沟通，综合研判，调配拖拉机、双镇压播种一体机，马力全开，11 月 7 日终于赶在寒潮来临前完成作业。

早到的大雪寒潮，对小麦的冬季生长造成了很大的影响，示范田土壤表面板结，出苗不齐，苗情偏弱。春节刚过，指挥部就组织作物研究所专家大力实施"科技壮苗"专项行动,多次赴郓城针对晚播出现的"一根针""土里捂"进行问诊把脉,形成"郓城县异常气候下麦田管理和种植策略"指导意见。

克服重重困难,终于迎来激动人心的时刻。2022年6月,科技示范园的小麦经专家测产,使用有效技术的麦田每亩42.9万穗,而对照麦田每亩38.6万穗,足足多出近5万穗,增产幅度11.14%,夏粮喜获丰收。

再来看看果树还能这样栽。"活这么大岁数了,还真从来没见过。"在科技示范园现代果园区干活的张大爷说。2022年3月的一天,山东省果树研究所挂职第一镇长董放正指导村民在地里种果树,"大爷,等着吧,今年就能让你们吃上苹果。"董放说这话的时候,信心满满。他口中的这个"苹果"来头可不小,是山东省农业科学院自主培育、曾在全国创下单个品种超过1 000万元转让记录的"鲁丽"苹果。这个品种近年来非常"火",具有"早熟、抗病、耐储、优质、丰产、免套袋"的显著优势,综合性状优良。郓城的土壤偏碱性,适应能力强的"鲁丽"苹果在郓城安家了,而且非常适应这里的环境气候。不负众望,7月底"鲁丽"就成熟了,而且着色好,品质好,惹得周边的群众都想来尝尝。

一方水土养一方人,苹果也一样。在湿润多雨的胶东地区,可以选择晚熟的富士苹果为主,而郓城物候期比较早,夏季干燥高温,昼夜温差小,一直没有很好的本地苹果品种。"鲁丽"苹果的引进,填补了郓城早熟苹果上市的空档,优化了当地的果树种植结构。

引进新品种,需及时配套新技术。采用符合国际苹果栽培发展趋势的集约化矮砧密植宽行起垄覆盖栽培模式,并根据栽培园地的自然条件、品种及砧木种类,精心配置栽培品种、栽植密度和授粉树,应用集成天空地一体化智能感知、智能虫情测报、水肥一体化等先进技术,建立标准化、轻简化、宜机化的样板示范工程。最终实现鲁丽苹果早花早果、优质丰产、省力省工的目标,当年亩产150千克,亩收益近千元;第2年亩产可达1 000千克;第3年即可丰产,亩产可达2 000千克。

你不知道的是,"三年生带分枝鲁丽苹果"生长的现代标准化果园前期投入156万元,引入了意大利预应力水泥立柱技术,安装水泥立柱425根、热镀锌钢绞线6 000米、热镀锌钢丝4 000米,能够帮助果树直立生长、防止倒伏,方便后期安装防鸟网、防保网。这样的现代果园在郓城是没有过的,也是果树研究所在郓城打造的"所长样板工程",更是实现了"当年建园、当年结果、当年收益"的目标。

这藕、这稻、这鸟。2022 年 5 月，湿地农业与生态研究所专家到现场连续蹲点，确定了土地翻耕、肥水管理、水田建设等田间作业标准，积极联系藕种、有机肥、水稻插秧等相关工作。经过多方努力，顺利完成包括花莲、籽莲、藕莲在内的莲藕和茭白、菱角、芡实、荸荠、鸢尾等水生植物，以及优质水稻专用品种的种植，共指导完成种植 1 280 亩。在引入新品种的同时，也配套了绿色轻简栽培、高效种养等新技术，采用藕/稻—小龙虾、藕/稻—螃蟹、藕—泥鳅等立体种养新模式，仅藕的亩产量即可达 1 500 千克，产值有望达 6 000 元；加上养殖，后期亩产量有望达到 100 千克，产值 3 000 元。

2022 年 11 月，水稻完成了收割，经过测产，三个优质水稻新品种亩产均在 550 千克以上，充分展示了农科专家将采煤塌陷地变湿地生态改良区的示范引领作用。"在取得经济效益的同时，我们还收获了良好的生态效益。我们现在看到的藕、稻、鸟，这是原来从来没有过的。"张营街道党工委书记徐龙坡激动地说。

四、昔日荒地迎蝶变

如今，科技示范园的"三大板块"，是一天一个样，天天都有新变化……

——**智创示范科技前沿**。批复建设用地 160 亩，投资 2 296 万元的"沟路渠桥涵水电"基础设施完成，"一桥两纵五横一环"路网布局形成，路牌路标、导视导览、区域介绍等布设到位，高中低地"四维一体"路肩经济带建成。"农科好郓"展馆、智慧农机 4S 店、农产品产销区创意建模呈现乡村振兴发展成效；冷链仓储物流车间投入运转使用；集配中心涵盖集采、分拣、加工、冷链、储运、集配等农产品流通全环节；山东省农业科学院郓城乡村振兴研究院搭建院地长效合作的承接载体。

——**科技引领新产业新业态**。占地 1 200 亩，示范粮油、蔬菜、瓜果、花卉、中草药等新品种 116 个、新技术 87 项、应用新装备 80 套。通过品种培优、品质提升、品牌打造和标准化生产，示范"良种良法配套、农机农艺融合"的现代农业生产新模式 18 个。助推郓城县被农业农村部认定为全国超级产粮大县和国家级小麦制种大县，带动整县域小麦良种覆盖率达 100%，实现"吨半粮"创建目标，年增收 1.2 亿元以上，全县农业增加值以及粮食、棉花、油料、肉类总产量五项指标进入全国百强县行列。

——**农文旅融合生动实践"两山理论"**。占地 1 730 亩，聚焦"生态＋"，开发"一湖一带四区"。将塌陷地改良为湿地生态典范，建立集种养、加工、销售、观光于一体的农文旅融合模板，不仅有效改良了采煤塌陷地生态环境，提高了土地利用率，而且增加了粮食、水产产品产出，促进了一、二、三产业融合发展。如今漫步在此，碧蓝澄澈的天空，展翅腾空的水鸟，香艳满池的莲花，生长旺盛的植物，令人沉浸、流连忘返。

院地携手共建的科技示范园，已经成为乡村振兴齐鲁样板郓城示范县的核心引爆点，辐射带动全县 29 个主导产业全链条转型升级，不断为"突破菏泽、鲁西崛起"提供科技引领与创新赋能。

第三章

辐射带动——科技示范区

三年来，按照"产业兴、百姓富、村庄美"的目标，围绕农业产业提升、基础设施建设、村容村貌改善三个重心，全面推进3万亩示范区建设，开创现代农业高效绿色循环发展新格局。

一、借力专家智库 系统谋篇布局 描绘"路线图"

结合示范区所在的张营街道，积极探索"党建引领＋科技支撑＋政策支持＋平台服务"发展模式，制定**"一核七园十二村"**的工作路径。

一核：即山东省农业科学院郓城科技示范园。

七园：即百蔬园农业产业园、梦真科技产业园、申丹高效农业产业园、恒天然科技农业产业园、澎湖生态小镇、张营牡丹产业园、黄河民俗博物馆。

十二村：即区内曹庄、刘一村、刘二村、刘三村、后彭庄、祝河口、仲楼村、吴楼、殷垓、马庄村、周河口村、陈河口村 12 个行政村，总户数 6 041 户，总人口 19 273 人，其中劳动力数量 10 065 人。

立足当地资源禀赋，规划设计了"湿地生态农业、高效设施农业、良种繁育农业、森林经济示范"四大特色示范区。

湿地生态农业片区。位于示范区西部，占地约 12 870 亩。以多功能复合、多效益产出的立体农业生产建设为核心，推动社会资本撬动园区工程建设，建设水下、水面养殖，水上休闲娱乐三功能复合、三效益产出的湿地农业生态样板区，主要设计了 3 个特色项目：

果乐园——申丹高效农业产业园。不仅是现代农业技术的成果展示区，又是休闲农业度假区。在申丹农业产业园原有的果树种植基础上优化品种结构、调整栽培形式、增加林下养殖；同时发展复合产业链，通过建立果品加工、现代冷链物流等平台，促进果品精深加工，重点构建梨全产业链，提高产品附加值，并提供特色旅游商品。通过梨花观赏、梨采摘、梨文化体验带动三产发展，使原来只具一产功能的果园转变成"种植＋采摘＋餐饮＋旅游观光"于一体、一三产融合的新乐土。

花乐园——牡丹产业园。位于后彭庄水厂路以南，三分干以北，彭庄村委会以西，占地约 292 亩。主要种植牡丹、玫瑰，形成示范区的又一大特色产业，并通过旅游业态的植入，让美丽的牡丹花成为乡村振兴的动力引擎。

水乐园——澎湖生态小镇。位于申丹高效农业产业园北侧，是科技示范园的一部分，占地 1 730 亩，其中湖面 450 亩，塌陷地改荷塘占地 1 280 亩。依托彭庄煤矿塌陷区修复后形成的湿地，打造以莲藕种植、休闲渔业、水上乐园、生态观光、乡村度假、农耕文化体验等多功能复合的澎湖生态小镇。未来还将打造"啤酒节""农业嘉年华""乐享田园"等农事盛会。

高效设施农业片区。位于示范区东部，占地 7 200 余亩，主要以高标准农田建设及设施大棚（果树、蔬菜）为主，发挥梦真产业园、百蔬园、恒天然-蔬乐园的辐射带动作用，加快资源要素集聚，以果蔬智能分拣、精深加工、品牌营销和有机肥料生产、休闲采摘等为发展方向。

良种繁育农业片区。位于示范区南部，主要以良种繁育种植为主，占地 1 500 亩。为现代农业发展示范区域，具备良种繁育示范的功能和作用，促进了周边良种繁育、示范推广、销售、服务产业发展，带动村庄发展、村民致富。为满足良种繁育条件要求，按照"土地整改、土壤改良、智能管理"的要求，打造了"引繁推"一体化、"产加销"一条龙的高端种业生产示范体系。发挥山东省农业科学院优质小麦、专用玉米、优质大豆、杂粮杂豆、牧草等农作物研发优势，结合郓城县全国粮食生产大县、畜牧大县，按照品种培优、品质提升要求，建立了适合郓城乃至鲁西南推广的大田作物优质良种繁育基地，开展了成方连片高标准农田建设，并配套良种耕种收机械、加工包装、仓储设施，同时推行以"保底价格收购＋二次分红"为基础的订单生产，提高农户种植收益。

森林经济示范片区。位于示范区东北部，占地约 2 600 亩。发挥森林公园现有苗木优势，依据多功能复合、多效益产出、多功能空间开发利用的核心理念，将森林公园打造为集林荫食宿、林荫花海、拓展研学、林荫种植、林荫养殖等多功能于一体的休闲林乐园。

二、支撑产业链条　发展现代农业　推进"产业兴"

将示范区与示范园融合共建，成方连片规划建设 1.2 万亩高标准农田，探索粮食主产区高产高效粮经复合型种植模式，重点提升种苗供给、现代蔬菜种植、林下经济等七个园区农业产业质量效益。

百蔬园果蔬种植专业合作社

百蔬园合作社位于郓城县张营街道办事处仲楼村，是在流转张营街道近 2 000 亩土地的基础上于 2016 年 9 月成立的。

"我们通过土地流转、土地入股、土地托管等方式，结合'一乡一业，一村一品'，采用'合作社＋基地＋农户'运作模式，实行规范化生产、标准化种植、产业化发展。"百蔬园合作社负责人刘强谈起百蔬园的发展，就像打开了话匣子，"为激发村民的积极性，提高他们的致富本领和收入水平，合作社开始推行分棚到户模式，每户承包1～2个大棚，合作社提供种苗、技术、管理方面的支持，并统一销售。为了降低承包的风险，社员的保底收入为每亩地每月650元，也就是土地管理费，如果大棚超产，承包者还会有额外分红。"

走进郓城县百蔬园专业合作社，掀开大棚门帘，迈过低矮的门槛，绿意盎然的果蔬映入眼帘。

"这种番茄在市场上很抢手，在这里干，很有奔头。"一畦畦地垄间，郓城县张营街道祝河口村民董秋菊说。

在百蔬园合作社，像董秋菊这样的社员，还有另外一层身份——股东，他们以土地入股形式加入合作社。董秋菊给大家算了一笔收入账："我们家入股的土地有4亩多，每亩每年的租金为1 150元，一年下来，单凭土地分红就有近5 000元，再加上大棚的收益，一年能有近5万元的收益。"

合作社还把部分大棚分包给村里的贫困户和家庭生活困难的人。承包的村民只要负责日常种植管理，每月就可领到一份固定工资，管理好的还可拿到利润分红。三年来，合作社通过设立爱心岗位，安排了2位70岁以上的老人、3位轻微残疾人，让他们做力所能及的工作，并获得了稳定的收入。

合作社运用先进的管理理念，科学的种植技术，完善的服务模式，稳定的销售渠道，带领合作社社员大力发展绿色生态农业。合作社对农户采取"四包"方式，即包全程技术指导、包运营管理、包产品质量、保市场营销，实现了农业的工业化管理，规范化运营，订单式销售，最大限度地利用了土地。合作社还在种植基地开设了田间课堂，组织农民工进行技术培训，累计培训农民工600余人次，大大提高了农民工的蔬菜种植水平，储备了技术人才。在种植过程中，合作社要求社员全部使用有机肥做底肥，采用先进的物理杀虫技术和生物杀虫技术，保证蔬菜的绿色、生态、无污染，在追求经济效益、社会效益与生态效益并举的基础上，实现了农业产业的可持续发展。

目前，合作社已拥有连体式拱棚6栋、冬暖式大棚90栋、500吨保鲜库一座、有机肥生产线一条。注册了"红国番""水浒庄园"商标，番茄、香瓜、黄瓜、白菜、马铃薯等品种已通过绿色蔬菜认证，"张营番茄"入选全国名特优新产品名录，初步形成品牌优势，每年可向市场供应绿色蔬菜 1 万吨，年产值 3 000 多万元，平均每人实现年收入 20 000 元，成为鲁西南最大的绿色蔬菜种植基地。带动周边村镇发展设施农业 3 000 多亩，实现周边 10 多个村 500 余村民在家门口就业，初步形成一条绿色农业产业带。百蔬园被授予山东省农业产业化"重点龙头企业"和省级"示范社"。

梦真蔬菜种植专业合作社

百蔬园合作社种的是大番茄，而在梦真蔬菜种植合作社，小番茄同样很抢手。

"张总，现在棚内小番茄正处于结果初期，产量实在跟不上，您再等等。"郓城县梦真蔬菜种植合作社办公室内，一个接一个的催单电话，让负责人彭汉收有些应接不暇。

"前不久，我们刚给鲜丰水果发了近 4 000 斤小番茄，尽管每斤价格在 10 元以上，但仍供不应求，现在仓库里还堆放着其他客户近 50 万元小番茄的包装盒。"每天的催单电话，成为彭汉收幸福的"烦恼"。

彭汉收介绍，合作社种植的小番茄品种为釜山 88，是比较难种的一个品种。由于种植难度大，市场未完全打开，合作社前几年基本入不敷出，直至 2020 年才有了转机，2021 年，纯收入达到了 500 万元。目前合作社已经形成了集种子、育苗、技术、管理、销售、物流于一体的全产业链条。待到盛果期，合作社一天的发送量可以达到 15 000 千克，但仍无法满足客户需求。

梦真蔬菜种植专业合作社位于张营镇后彭村村北，成立于 2016 年，是集蔬菜种植、销售、新品种培育、采摘、旅游于一体的综合性农业产业园。合作社通过流转土地、土地入股、土地托管等方式，流转土地 1 500 多亩，建设 100 亩连体式拱棚一座、温室大棚 150 栋、微藻肥生产车间 1 000 平方米、休闲长廊 650 米、种植陆地菜 200 亩、绿化苗木 750 亩。园区内建设了喷灌、滴灌设施，实现了水肥一体化改造，可年产蔬菜 1.5 万吨，实现销售收入 1 500 万元。合作社已吸纳社员 200 多人，统一提供种苗、肥料、技术指导、销售渠道等，在大棚内务工的社员除领取保底工资外，还可以享受当季利润和年底分红，旺季时带动就业 180 多人，人均增收 2 万多元。

扩大种植规模以及寻求合作种植基地，是彭汉收想到的"良方"。"2021 年 11 月，我们已经与新乡、阳谷等地的 4 个种植基地签约合作，120 个棚已经种下头茬小番茄，今年 3 月份已结果。"彭汉收说。此外，他们还与济宁嘉祥县的一家种植基地达成合作协议。"针对这些种植基地，我们提供种苗、技术、管理等方面的支持，他们可自行销售，我们也可按照标准价进行回购。"

"让农业成为有奔头的产业，让农民成为有吸引力的职业"。这句标语挂在彭汉收办公室显眼的位置。让更多的村民在家门口就业，带动更多的群众共同致富，这是他始终不变的初心。

申丹高效农业示范基地

申丹农业科技（菏泽）有限公司位于彭庄煤矿正东，2018 年 11 月注册成立，注册资金 800 万元，其中富优基尼生物技术（上海）有限公司投资占比 90%，山东泽源卉农业科技有限公司投资占比 10%。这是一家集农业技术开发、农产品生产销售、农业物联网运营管理、农业技术服务、农业环境治理、土地复垦、农业旅游项目开发与经营的农业综合服务公司，占地 2 600 亩，主要种植露玉香梨、葡萄、蟠枣、玫瑰、牡丹、芍药及丹参、白术等，集采摘体验、休闲观光、冷链仓储物流、文化展示于一体的田园综合体。

公司对未来的发展已经做好规划：一是要进一步搞好花卉深加工，逐步新上生产线，进一步开发露玉香梨、葡萄、蟠枣、玫瑰等深加工产品。二是要发展乡村观光旅游业，公司在玫瑰种植基地建设了一处玫瑰广场，各类设施不断完善，可在盛花期举办观光旅游、采摘等活动。三是利用当地优美的自然环境、便利的交通条件、丰富的农产品资源，投资新建一处休闲娱乐餐饮中心，以满足群众日益增长的休闲娱乐需求。

恒天然农业科技发展有限公司

这是周边出了名的"四高"园区，即：采收标准高、建棚标准高、果品品质高、带动效果高，主要种植小番茄"釜山 88"。

该公司位于郓城县张营街道曹庄村，成立于 2020 年 10 月，流转曹庄村土地 500 亩，总投资 2 600 多万元。目前建有高标准冬暖式大棚 37 座，保鲜库一座，包装车间一座。注册"蜜小栈"商标，番茄、黄金白菜、芹菜等品种已通过无公害蔬菜认证，园区"蜜小栈"番茄被评为全国"名特优新"产品。每年可向市场供应绿色蔬菜 3 000 吨，年产值 1 000 多万元。

公司聘请山东省农业科学院专家 3 人，成立了"农科专家工作室""博士工作站"，技术力量雄厚，是鲁西南较为科学的绿色蔬菜种植基地。采用"公司＋合作社＋基地"的运营模式，发展绿色蔬菜种植，实行规模化生产、标准化种植、产业化发展。同时，制定完善的服务模式，搭建稳定的销售渠道，实施统一施肥、统一供种、统一管理、统一销售；对接市场需求进行精准种植，对特定市场、特定需求量，特殊安排生产，大力发展绿色生态农业。

张营牡丹产业园

该园区位于张营街道后彭庄，成立于 2021 年 8 月，占地 180 余亩，一期投资 400 多万元。依托菏泽牡丹之都丰富优质的牡丹芍药资源和国内较先进的牡丹产业链，探索牡丹芍药及草莓兼种的新型订单产业模式。目前已经种植国内外 50 多个、3～30 年的牡丹及芍药品种 100 多亩，适合出口加工的优质草莓 50 余亩，正全力打造以"钦旭"牡丹园为标准示范基地，带动周边，面向全国推广。

在传统中草药属性基础上，线上线下推广牡丹产业，开拓牡丹芍药的鲜切花及盆栽观赏市场价值，充分挖掘牡丹的其他经济附加值。本着标准化规范化发展牡丹产业，注册了"钦旭""卉鸾"的商标，随着一期牡丹芍药草莓的稳定种植，对牡丹芍药新品种的研发和推广拉开了序幕。

黄河民俗博物馆（文乐园）

以农村古旧物件收购、加工、陈列展示、销售一体化，带动 350 多位村民就业，年销售额近 2 500 万元。通过民俗物件修复、修旧如旧，实现多功能复合、多效益产出，传承民俗文化、唤醒乡愁记忆。

目前，示范区初步形成了以粮食制种、设施蔬菜生产、中草药栽培、现代果园种植、林木产业、休闲农业和乡村旅游、电子商务等为主导的特色产业格局，通过合理的规划布局加快产业融合，直接对接田间地头与生产基地，形成生态适宜的产业聚集区，构建农业文化创意园区，展示和创新发展农耕文化，提供休闲、观光、回归自然、欣赏田园风光的场所。

三、依托优势资源　有效联农带农　带动"农民富"

积极发挥财政资金支撑作用，投入 13 738.81 万元，实施项目 4 个；整合行业部门资金 8 489.21 万元，实施项目 14 个。聚集省级龙头企业 1 家、市级龙头企业 1 家、省级以上农民合作社 2 家、省级家庭农场 2 家、种养大户 17 家，建成万亩以上的农业产业功能区，形成了企业经营、集体经营、合作经营、家庭经营等多种形式共享共生的现代农业经营体系及"村庄＋产业＋基地"的发展局面。

示范区农业总产值 19 500 万元，涉农产业链产值 35 000 万元，其中粮食产业链 16 500 万元，设施果蔬产业链 6 500 万元，苗木产业链 10 000 万元，农文旅融合产业链 2 000 万元。而通过农产品加工形成的产值约 10 500 万元，第三产业产值约 8 350 万元，涉农电子商务、物流等产业迅速发展，逐步形成从农产品生产、加工、销售到配送的全链条现代化体系。小麦、玉米、蔬菜、畜禽加工等产业，实现了从育种到加工、从企业到品牌的全产业链发展，从而带动一批"国字号"优质农副产品搭上进京"直通车"。

示范区通过组织实施种植生产、农产品加工、乡村旅游服务、生产资料销售、冷链物流、培训服务、农业会议参展等产业活动带动当地 1 085 人就业，吸收 300 户农户入股，培养创业带头人 21 人，实现人均年增收 0.9 万元。利用龙头企业资金充裕、技术到位、服务优良和信息及时等优势资源，通过不同形式的利益联结，与农户结成连带关系，带动农户参与生产制作过程，构建了完善的利益联结保障体系，实现产业融合发展，促进龙头企业与农户之间形成相对稳定的产供销关系，既保证了农民的基本收入，又有利于企业以低廉的价格获取原材料。通过引导龙头企业与农民专业合作社有效对接、紧密联结，有效带动了农村居民的人均收入快速增长。探索实行"新型经营主体＋基地＋农户"利益联结机制，带动园区周边群众可支配收入超过全县平均水平的 34.8%。

四、整合行业资源　提升基础设施　推进"环境美"

对涵盖的 12 个村落实施美丽乡村提升工程。在前期美丽乡村建设的基础上，按照道路硬化、街道美化、垃圾污水无害化、村庄绿化、给排水管网化、生活健康化"六化"标准，制定和示范区建设相适应的美丽乡村建设标准，对标检验、对标实施。硬化道路 16 090 米，修建下水道 14 035 米，安装自来水管道 230 376 米。

依托赵王河提升河道景观，串联沿线乡村，打造乡村民宿，发展采摘、垂钓、认筹菜园、农家宴、民俗村、风情街等乡村休闲项目；挖掘沿线农耕文化、民俗文化及农业多种功能、乡村多重价值。赵王河已成为充满绿色的生态廊道、充满活力的滨水休闲旅游空间、充满魅力的乡村文化领略地、充满动力的乡村振兴示范带。沿河结合河道景观和美丽乡村等资源，规划研学基地，组织学生进行写生绘画、农作物科普等研学活动，推动"盆景"变"风景"，使人们在亲近自然、接触农耕文明乐趣的同时，接受农事教育，学习作物种植和农艺知识。目前，示范区已经成为一、二、三产业互相渗透、交叉融合发展的乡村振兴先导区。

第四章 ▶▶

全面振兴——科技示范县

　　三年来，精准施策特色产业，聚力打造典型样板。**突出主导品种主推技术的关键点**，围绕粮油、果蔬、畜禽、芦笋、食用菌、中草药和花卉等特色产业，凝练建立"一品一案"109套种养规程。**突出品种的自主性**，引进"抗逆、丰产、优质"新品种226个，涵盖10大产业、89个品类。**突出技术的先进性**，落地"绿色、高质、高效"新技术214项，其中农业农村部主推技术18项、山东省主推技术53项。**突出成果的落地性**，推广示范种植717万亩主导品种，饲养生猪48万头、肉牛7.2万头、家禽1 200万羽，培育"全国名特优新农产品"12个。通过实施链长制、包村制、百名首席兴百村、所长样板工程、科普行动等创新措施，建立了49个科技示范精品区、51个打造区，"六率""两化""两收入"明显提升，推动新品种、新技术县域到位率达100%，县域农业科技进步率提升了10个百分点。

　　郓城搭乘着科技列车，走上了乡村振兴的快车道，联合申请批复国家级小麦制种大县，农业增加值和粮食、棉花、油料、肉类总产量五项指标进入全国百强县行列，成为乡村振兴"政产学研金服用"融合创新的重要承载地，为"突破菏泽、鲁西崛起"提供科技支撑和智慧赋能。

一、科技兴村篇

七个团队赋能　坡里何庄"起飞"

生命力旺盛的苜蓿似乎见风就长，初夏时节已经长到两拃多高，覆盖了大地，远远望去，广袤无垠的田野宛如铺上了一层绿色的地毯。

山东省郓城县双桥镇坡里何庄种植的 50 亩苜蓿该收割了。清晨，村党支部书记兼村委会主任朱仰文带领十几名村民出发了，他们手持镰刀，来到村子东南侧的苜蓿种植基地，开始了一天的劳作。"嚓嚓嚓"，村民们有节奏地挥动着锋利的镰刀，一把把碧绿的苜蓿脱离大地母亲的怀抱，然后被放入一个个塑料框，装上农用车，运往晒场。经过一番晾晒、加工、包装之后，变身宠物饲草将被销往大中城市，成为市民家宠物喜爱的美食。

坡里何庄的宠物饲草种植基地共有 150 亩。如今，这里种植的苜蓿、猫薄荷、猫尾草、鸭茅草、黑麦草等宠物饲草长势喜人，宠物饲草种植、加工、销售成为一个新兴产业，经济效益十分可观。同样被人看好、具有旺盛生命力的还有高油酸花生、设施瓜菜、优质梨、阳光玫瑰葡萄、大球盖菇栽培及宠物繁育 6 个产业。

可是，三年前这里除种植传统作物小麦、玉米外，村民们都处于迷茫之中，数次摸索，一直没有找到前景好的产业项目。

朱仰文回忆说，2017 年，坡里何庄村党支部领办了一个合作社，注册名为郓城县旺坡种植合作社，旨在通过合作社的发展带动坡里何庄村的集体经济，带动村民一起发家致富。在流转来的 70 亩土地上，合作社从国内苹果优势产区烟台引进了红富士苹果树，跟人学样，依葫芦画瓢栽下去，等到秋天结果了，摘下来尝一口，发现口感不佳，根本无法与正宗的烟台苹果相提并论。合作社又筹集资金，建了 12 个温室大棚，打算出租种植蔬菜，结果无人响应，租不出去，一直闲置。后来，建了一个养殖场，养了 5 000 只鹅、400 头黑猪，由于管理不善，一直处于亏损状态。

转机发生在 2020 年。山东省农业科学院把郓城县列为乡村振兴科技引领型齐鲁样板示范县进行打造，选派专家挂职，提供技术指导服务。

2021年初，院里确定由组织人事处负责帮扶坡里何庄村。李萌处长带队来到坡里何庄村开展调研，深入了解村情，然后协调、召集全院7个科研团队开会，共同商讨如何帮扶当地发展经济。会后，各个团队的帮扶工作陆续展开……

树林间大棚里：结出美丽的果实

2021年春天，山东省农业科学院农业资源与环境研究所研究员万鲁长带领食用菌栽培技术创新团队来到坡里何庄村，考察了当地林场。他们看到，这里生态条件优良，大片的杨树郁闭度较高，林间场地非常适合种植大球盖菇等食用菌，当地还有充足的作物秸秆、木屑、牛粪等农林牧废弃物原料资源。于是，当年就找了6亩林地，开展林下大球盖菇栽培试验；第二年，春暖花开时节，成功出菇。

2022年夏天，万鲁长团队扩大试验范围，他们联合坡里何庄等4个村的党支部，组建了临时合作社，规划林地种植面积近50亩。优选了栽培菌种，优化了秸秆栽培配方，详细制订了栽培示范方案，包括菌畦设计、基质发酵处理、拱棚搭建、喷淋管道系统安装、遮阳网配置、后期增产等具体技术措施。国庆假期，团队成员深入现场，指导播种栽培。经过发菌、越冬，2023年3月，出菇现场一派丰收景象，一簇簇菌菇长势喜人，四个村的支部书记乐得合不拢嘴……

这是一种"农林废弃物—林下菌菇生产—菌渣有机质还林"生态循环种植方式，万鲁长称之为"林菌间套共生生态经济模式"，可以实现林地生态效益、经济效益和社会效益的有机统一，可在其他地区复制、推广。据万鲁长介绍，林下种植大球盖菇，每亩林地有效栽培面积在300平方米左右，出菇期3个月，每平方米可产鲜菇5～7.5千克，平均增收50元左右，每亩林地可增收1.5万元以上。

2021年6月，山东省农业科学院蔬菜研究所蔬菜育种与栽培技术创新团队来到坡里何庄村，考察设施蔬菜种植情况。他们发现，这里的设施大棚虽然建起来了，但是里面种植的蔬菜五花八门，长得也是良莠不齐，村民们种出来的菜卖不出去，连年亏损。为了改变这种状况，蔬菜研究所研究决定，多个创新团队联合帮扶，他们拿出最新的蔬菜品种及其配套栽培技术，在合作社进行示范推广。朱仰文力排众议，专门安排一个大棚来种植番茄新品种。当年种植的番茄大获成功，口感品质大大优于市面上的常见品种，平均售价 10～20 元/千克，是当时普通番茄平均价格的 3～5 倍，当季每亩增收 2 万元。

"合作社种菜终于赚钱了！"村民们种植设施蔬菜的积极性空前高涨。

2022 年，蔬菜研究所又为合作社引进了西瓜、甜瓜、草莓等新品种，共计 10 余个。创新团队的科研人员多次走进大棚，手把手向村民们传授技术，水肥一体化、绿色防控、熊蜂授粉等一大批实用的轻简化栽培技术在坡里何庄落地。

良种配良法，在坡里何庄村结出了美丽的果实。2022 年全村蔬菜瓜果大丰收，12 个大棚全部扭亏为盈，增收 3 万～5 万元/亩，而且因为品质好、口味佳，在市场上供不应求。

坡里何庄优质蔬菜品牌打响了，一批批游客前来现场采摘。

荒废果园中：新优品种茁壮成长

2021 年 2 月，山东省果树研究所副研究员魏树伟带领仁果育种与栽培技术创新团队来到坡里何庄，考察村里的果园。调查中发现，原有果园品种老化、管理粗放，几乎处于荒废状态，没有多少经济效益。他们与朱仰文及合作社成员深入交流，建议清理价值不大的果园，重新建设一座标准化、智慧化的梨园。年底时，该团队为村里引进了苏翠 1 号、秋月、山农酥等优质梨新品种，并做到早中晚熟优质品种合理搭配，推广应用梨优质高效栽培关键技术，包括宽行密植、架式栽培、水肥一体化、生草覆盖、省力化花果管理、病虫害绿色综合防控等。这个现代标准化梨园建成后，目标是在管理上人工成本降低 20％以上，优质果率超过 85％，亩产值提高 20％以上。经过两年建设，如今新建梨园已初具规模，预计 2024 年产量将达到每亩 1 500 千克左右。

但是，在广大种植户中，流传着这样一种说法："秋月梨好吃，树难管。"团队调研发现，其主要原因是种植户们不懂管理技术，树体生长过旺，原本第二年就该挂果的梨树却没有什么收益，如此一来严重挫伤了种植户的积极性。

魏树伟带领团队成员走进梨园，选点采样，测定土壤成分及其含量，经常观察树体生长发育状况。每当疏花、疏果、套袋、修剪等生产关键期，团队就召集合作社成员进行现场技术培训，就拉枝、刻芽及肥水管理等技术进行详细讲解，手把手示范。他们还根据当地情况，制定了秋月梨管理年历和生产技术规程，并随时通过微信、电话等解决果农遇到的难题。

经过一番努力，合作社秋月梨的优质果率、商品果率大幅提升。果实在当地受到青睐，每千克10元仍然供不应求。这片梨园终于见到了效益，每亩收入达到了1万余元。

不仅要种出好梨，还要把好梨卖出去，在市场中打出自己的品牌。魏树伟协助合作社注册了"坡里河"商标。合作社社员统一技术标准、统一商品包装、统一供货渠道，统一使用"坡里河"商标，共同打造品牌。2022年，坡里何庄村秋月梨种植园区生产的秋月梨，收录入全国名特优新农产品名录。为了赋予这种优质梨更多内涵，魏树伟找到在郓城县双桥镇挂职第一镇长的王贻鸿，并和朱仰文商量，决定将生态农业与文化旅游融合，拟通过打造梨特色文化、举办梨花节等，大力发展观光、休闲、旅游、研学、采摘农业，打造村庄梨特色文化、建设梨科普观光路线，建设山东省农业科学院郓城坡里何庄梨科普基地。

三年来，魏树伟与坡里何庄村紧密合作，成了种植户的科技"合伙人"。如今，梨产业成了带动该村村民致富的一大特色产业。

遇到困境的不只是梨树，杏树种植也不乐观。2021年冬天，山东省葡萄研究院李勃研究员带领葡萄高效栽培创新团队来到坡里何庄村，考察了当时种植杏树的14亩连栋大棚。2021年降水量过大，杏树受涝害，大多数已死亡，所以亟须引进新的树种弥补经济损失。李勃实地查看之后，提出"引入阳光玫瑰葡萄新品种、采用'起垄栽培＋H/T形架＋水平叶幕'种植模式"的建议。他多次带领村民赴曲阜尼山红家庭农场等地学习新模式、新技术，学习新型农场管理理念、销售模式，坚定了村民发展阳光玫瑰葡萄产业的决心。

2022年春，在李勃团队的指导下，坡里何庄村建园、施基肥、起垄、种植葡萄以及后期管理，各项工作有条不紊地开展。团队还制定了坡里何庄阳光玫瑰葡萄周年管理历、病虫害防控年历以及水肥管理年历，平时，葡萄管理技术员看着年历，就可以从容不迫地进行管理。目前，葡萄长势良好，预示着来年的收成定能硕果累累。

传统农业产区：花生产业焕发生机

鲁西南地区主要是沙壤土，曾经是传统的花生种植区。但近年来，农民种植花生品种混杂且开始退化，没有形成科学种植模式，普遍存在农业标准化程度不高、种植管理方式落后等问题，花生的产量、品质逐年降低，亩收益减少，农民种植意愿不断下降，严重制约了花生产业的快速发展。

2021年秋，山东省花生研究所所长张建成带领花生遗传育种和花生精深加工与营养安全创新团队，到坡里何庄村调研，提出引进花生新品种、推广种植新模式是当务之急。

问题就是导向，问题就是目标。张建成带领团队成员利用花生研究所成熟的技术、人才和平台优势，在坡里何庄村建设了高油酸花生种植示范基地，推广种植90余亩高油酸花生新品种花育9701。他们指导种植户应用花生单粒精播技术、全程机械化技术，实现节本20%，亩产量达到400千克左右，产量和品质明显高于当地常规品种，亩收益增长600元以上。他们多次组织种植户现场观摩，实现了品种选择与配套生产技术可视、可学、可操作，同时还有效衔接了种子市场和品种推广环节，加快了优良品种更新换代的步伐。

2022年9月，坡里何庄村花生示范田迎来丰收。花生育种专家王通和花生加工专家宋昱牵头举办了高油酸花生新品种示范与收获现场会，现场展示了花生分段式全程机械化收获技术。从优质花生的挖掘到摘果，再到秸秆粉碎青贮，原先5人1天才能完成的工作量，机械作业仅需20余分钟便能完成。

看到这一幕，种植户们惊呆了。现场观摩，真正让他们了解了优良品种和农机作业结合发挥的优势，彻底打消了种植花生新品种的疑虑。

古老黄河岸边：有了萌宠庄园

2021年6月，山东省农业科学院休闲农业研究所研究员、草业创新团队学术带头人贾春林来到坡里何庄村现代农业园区考察，他目光敏锐，一眼就看出了园区的优势和劣势。在院组织人事处组织召开的座谈会上，贾春林指出，园区南邻国有林场，北接郓苏路，村西有古廪丘邑文化遗址，村内有五七干校旧址，园区环境优美，区位优势明显，物产、旅游资源丰富。但也存在三个方面的问题：一是园区以种养为主，没有加工、销售等二三产业形态，投资大、效益低；二是果树、蔬菜、粮食、畜禽、萌宠等各种资源要素都具备，但园区缺乏主导产业，没有形成亮点特色；三是体现农业科技支撑、较高科技含量的新成果、新模式、新业态尚未得到充分展示，园区示范带动作用不够明显。

贾春林建议，要抢抓乡村振兴、黄河流域生态保护和高质量发展、全省新旧动能转换和"突破菏泽、鲁西崛起"等重大机遇，借力山东省农业科学院的科技资源，优化整合、充分利用园区现有资源，着力开展宠物饲草林下种植、萌宠动物特色养殖、宠物草粮生产加工、休闲观光亲子旅游、电子商务运营平台等建设，全链条、高精专、一体化培育以萌宠经济为主导的新兴产业，将园区打造成为"鲁西坡里何庄魅力萌宠庄园"，并努力使之成为率先突破菏泽、引领鲁西崛起、助推乡村振兴的齐鲁样板。

这个建议，当即得到李萌、张文君、朱仰文等人的高度认可。会议确定，由贾春林尽快制订完善规划及实施方案，启动萌宠庄园项目建设。

2021 年 7 月，贾春林团队编制完成《坡里何庄萌宠庄园建设规划》《郓城坡里何庄萌宠庄园建设方案》。当月，山东省农业科学院畜牧兽医研究所小动物团队捐赠的 15 只宠物兔到场。8 月，邀请台湾阳光曼波生态农渔业产销合作促进会负责现场指导园区规划，将台湾精致、休闲农业元素融入园区。9 月，陆续种植 150 亩苜蓿、猫尾草、猫薄荷等宠物饲草。9 月 29 日，草业创新团队执行专家王国良博士代表团队与园区建设单位郓城县旺坡专业种植合作社（以下简称旺坡合作社）签订技术入股合同，正式建立了"风险共担、利益共享"的利益共同体。

次年 5 月，草业创新团队促成旺坡合作社与郓城县广达鑫源农机有限公司签订了饲草空气能烘干设备订购协议，购买了专业烘房机组，顺利建成烘干厂房。

9 月，团队协调山东润景农业科技有限公司（以下简称润景公司）、山东冀鲁边乡村振兴投资运营有限公司等企业来郓城考察。经过洽谈，上述企业与休闲农业研究所、旺坡合作社签订了三方合作协议。协议约定：旺坡合作社所有宠物草粮产品均由润景公司代理销售，消除了合作社产品销售的后顾之忧。

10 月 24 日，历经 13 小时烘干，第一茬宠物饲草出炉，经鉴定产品达到优质一级草标准。润景公司负责人表示，将全部收购合作社种植、加工的宠物饲草。通过专家现场实测，第一茬亩产干草达 195 千克，产量喜人。以 20 元/千克的价格被收购，一茬饲草产出为 3 900 元/亩，去掉成本，纯收入 2 800 元/亩，春节前，60 亩纯收入 14.8 万元。此外，春节之后，到 6 月份之前还可再收两茬，总效益可达 5 000 元/亩。

如今，在坡里何庄村落地的有宠物饲草新品种 5 个、林下饲草栽培新技术 3 项，种植宠物饲草 150 亩，建成空气能烘干车间 500 平方米，合作社已经走上了宠物饲草"种植—生产—加工—销售"良性循环之路。

在发展宠物饲草的同时，畜牧兽医研究所副研究员孙海涛带领家兔与宠物创新团队，充分利用村里的废弃养殖场，打造休闲农业产业链，通过产业链的延伸、价值的再创造，把以前不值钱的变成值钱的，把以前没用的变成有用的。他们首先对园区进行规划，陆续引进了鸵鸟、火鸡、孔雀、宠物兔等动物，还计划引进高端宠物猫、犬等名贵宠物，将这里开发成特色饲草种植农事体验、科普宣教、宠物观赏、互动休闲娱乐的萌宠乐园，促进农文旅融合一体化发展。

暑来寒往，春华秋实。在山东省农业科学院的帮扶下，坡里何庄村陆续建起了600余亩的种植养殖示范园，形成了大球盖菇栽培、宠物饲草种植、高油酸花生种植、优质梨种植、阳光玫瑰葡萄种植、设施瓜菜种植和宠物繁育等7条产业致富链。

徘徊多年，停滞不前的坡里何庄村经济开始起飞，合作社累计增收101万元，村集体增收18.2万元，连续两年增长超过80%，带动周边村民就业2 000余人次。同时，山东省农业科学院开展了多种形式的乡村人才培训，累计培训200余人次，为村里打造了一支留得住的乡土人才队伍。

成效突出，荣誉纷至沓来：坡里何庄村先后获得第二批省级乡村振兴示范村、第三批省级景区化村庄、省级乡土产业名品村等称号。

专家扶持这里　冒出个菌菇特色村

"多亏山东省农业科学院的挂职专家，及时解决了木耳菌包感染的问题。"山东省郓城县水堡乡赵垓村党支部书记赵鲁侠激动地说，"农科院挂职'第一镇长'来了，村里的毛木耳产业才壮大起来，现在每年生产300吨新鲜毛木耳的计划可以实现了。"

赵鲁侠口中的"第一镇长"，就是来自山东省农业科学院作物研究所挂职郓城县水堡乡"第一镇长"的王美华副研究员。

专家解难题：木耳产业助农增收

赵垓村地处水堡乡政府驻地以北1 500米，全村人口995人，土地面积1 485.08亩，主要种植小麦、玉米等传统作物，无其他规模性经济作物，村民们的收入来源主要是外出务工。

赵鲁侠，1993年出生，从小跟父母走南闯北做生意。随着父母年纪越来越大，落叶归根的思想渐浓，他萌生了返乡创业的念头。

2019年，赵鲁侠返回家乡，成功竞选赵垓村党支部书记。同年，他成立了郓城卓超农业综合开发公司，这是一个集花卉、园林苗木、蔬菜种植与销售于一体的综合型农业企业。

疫情持续三年，花卉苗木产业遭受重创。作为公司和村党支部负责人，赵鲁侠心心念念的是如何恢复企业生机，同时带领老少爷们致富。

2022年10月下旬，在水堡乡挂职第一镇长的王美华到卓超农业公司调研，了解到赵鲁侠想转型升级栽培食用菌。"一定让年轻的创业者少走弯路"，王美华建议他首先进行市场考察。赵鲁侠带领村干部去济宁以及河南、安徽等地考察，最后决定栽培毛木耳。

说干就干，赵垓村党支部领办了郓城县兴福粮蔬种植农民专业合作社，积极引导有意向的本村党员、群众栽培毛木耳。

因第一次栽培毛木耳，不懂管理技术，合作社出资从嘉祥县请来土专家，指导生产。这名土专家照搬原有栽培经验，缺乏对赵垓村实际情况的分析，结果造成菌包感染严重、菌丝生长慢等问题。得知这一情况，王美华立即打电话给山东省农业科学院食用菌栽培专家进行技术咨询，邀请山东省食用菌产业技术体系首席专家、山东省农业科学院农业资源与环境研究所食用菌学科带头人万鲁长研究员前来"会诊"。

2023年3月10日，万鲁长带领团队成员从济南赶到赵垓村，对合作社的生产原料、菌棒、菌种、接种车间一一查看，像老中医巡诊把脉一样仔细询问生产的每一个环节。经过排查，找到了导致菌包感染严重、菌丝生长慢的病因，主要是灭菌过程不严格、接种后消毒措施不正确，还有菌包原料配比不科学、原料筛选不细致等。

"找到病根，就可以对症下药，企业就能向前发展了。"赵鲁侠长期忧郁的脸上露出了久违的笑容。

在万鲁长的指导下，工人们快速对培育的菌包进行"翻包"处理，即把好的菌包翻出来，放到一边催芽育耳；把污染的菌包翻出来进行无害化处理，以免菌包互相感染，影响后续木耳生长。"翻包处理可以让木耳生长加快，增加木耳采摘批次，还可以将木耳的上市时间提前，错峰出售，卖个好价钱。"万鲁长介绍。

万鲁长结合赵垓村的培育环境，提出对菌棒原料进行细致筛选，重新调整配比，并制订原料标准、灭菌标准、培育标准，形成统一技术标准、统一管理手段，从源头上解决可能出现的问题。

目前，赵垓村投资建起高品质热镀锌结构食用菌智能温室1座、菌棒菌种生产车间1座、菌棒菌种接种生产线2条。2023年4月初，已完成接种菌棒90万棒，预计全年可以生产150万菌棒，产出300吨新鲜优质的毛木耳。

规划引领："菌菇特色村"更有奔头

现在毛木耳陆续出菇，合作社有了部分收入，赵鲁侠慢慢恢复了曾经的自信。他现在越来越重视科学技术的学习，在山东省农业科学院、郓城县农业农村局等单位组织的菌菇技术培训班上，还有其他乡镇召开的菌菇种植现场会上，经常可以看到他的身影。

万鲁长、杨鹏、王美华还对赵垓村下一步的菌菇产业发展进行了规划。随着毛木耳的成功栽培，将不断增加灵芝、猴头菇等高档食用菌种植，让产品多样化，让赵垓村成为"菌菇特色村"。

按照规划，他们将对种植的鲜品食用菌进行深加工，做成干品和粗加工产品，拓宽销售渠道，增加销售量。等技术、市场成熟后，再向周边村庄农户提供菌棒、菌种和技术，农户种植的食用菌，合作社统一按照市场价回收，由合作社进行销售、加工。这样就可解决周边农户"工作没门路，种植没技术，丰收没销路"的问题。

这个规划得到了赵鲁侠和村民们的认可。"有了农科院专家的技术指导，村民们解除了后顾之忧，可以放开手脚大干了。"赵鲁侠开心大笑。

目前，在赵垓村党支部领办的郓城县兴福粮蔬种植农民合作社，用工最多时每天达到 80 人，大多为水堡乡不便外出务工的村民，其中困难户占用工人数的三分之一，村里几名残疾人也在这里工作。一般工人工资为每天 60～100 元，掌握一定技术的工人工资为每天 110～150 元。此外，随着毛木耳的栽培规模越来越大，周边村庄的农户也参与进来，预计可带动周边 300 户农户，每户年收入可增加 3 万～5 万元。

特大涝灾过后　休闲杏花村崛起

被水浸泡过的五岔口村，成功重建，成了远近闻名的"休闲杏花"示范村。

山东省郓城县玉皇庙镇五岔口村，人口 1 200 人，主导产业是杏树种植，已有 20 多年。农户大多采用传统栽培管理措施，例如开心树形、简易滴灌等，用药用肥也是沿用过时技术，导致果园品种老化、管理落后、果园郁闭、产品销售渠道不畅。

2021 年，郓城县遭遇了 30 年一遇的强降水，五岔口村 700 亩杏树被泡在水中，时间一长，渐渐被淹死。村民们眼瞅着杏树一棵棵死去，心疼不已。

山东省果树研究所专家、正在玉皇庙挂职的第一镇长董放看着眼前的一幕，心情沉重。

大雨淹没了杏园，但生活还要继续。董放决定，要把五岔口村重新打造成一个远近闻名的"休闲杏花村"。

董放返回大本营——果树研究所，搬救兵。

果树研究所充分发挥了人才和科技优势，在五岔口村的杏园里建了农科专家工作室，负责指导村里引进推广新品种、新技术，培养本土人才，打造品牌，提升效益。

董放和派驻郓城县渔歌亭种植专业合作社的科技副总武冲是农科专家工作室的科技骨干。他们坚守在生产一线，先后为村里引进了珍珠油杏、金太阳杏、丰源红杏、荷兰香蜜杏等 4 个优良品种，指导应用水肥一体化栽培、郁闭园结构优化、人工辅助授粉、病虫害绿色综合防控及化学疏花疏果等 8 项综合配套技术。另外，他们结合五岔口村果园实际情况，编制了杏树栽培技术规程。

以前，五岔口村是一个名副其实的"杏花村"，远近闻名。可是，这几年走进这个"杏花村"，情况并不令人乐观，全村从事果业生产的人员年龄普遍偏大，果树管理技术水平落后，机械化运用程度低，水肥管理不当，病虫害严重。

"归根结底，还是品种与技术问题。"这是董放诊断的结论，由此找到了解决问题的方案。

在"大后方"山东省农业科学院的支持下，董放邀请杏树育种与栽培、植物保护和土壤改良等领域的专家进行现场指导、微信视频咨询、举办专题讲座。累计起来，先后举办培训班 20 多场（次），培训杏树种植户、种植企业负责人、技术人员 1 500 多人，培养基层技术骨干 20 多人。

在山东省农业科学院各领域专家持续指导、扶持下，五岔口村被雨水冲走的"杏园"成功重建。近两年时间，新建现代标准化杏园 600 亩，改造老杏园 300 亩。据统计，2022 年，这些努力换来了五岔口村杏树的节本增效，人工成本降低 20%，优质果率达到 80%，亩产值提高 15%。

在董放看来，五岔口村杏产业有基础，种植户也有一定的管理技术经验，但是产业本身比较薄弱，投资跟不上。除了持续进行技术指导，还需加大政策上的倾斜和帮扶力度。

他出面协调，山东省农业科学院郓城指挥部、果树研究所在五岔口村采摘示范园建起了长期核心基地，还向五岔口村采摘示范园捐赠珍珠油杏、金太阳杏、丰源红杏、荷兰香蜜杏等品种苗木 5 000 株。同时，董放协助玉皇庙镇政府，申请郓城县乡村振兴专项资金 120 万元，用于五岔口采摘示范园基地建设。

生产环节取得明显成效，董放又开始琢磨延长产业链的事儿：依托杏产业，建设农副产品、旅游商品加工特色街。他积极联系电商平台，协助五岔口村举办杏花节，发展乡村旅游新业态，打响旅游品牌，促进果品销售。结合千亩杏林在郓城周边地区产生的良好影响，先后建成杏花村、杏花园等 5 家农家乐，接待能力大大提升。2022 年，五岔口村果品及旅游收入 100 万元，1 000 余名农村富余劳动力就地就近转移就业。

"做给农民看，带着农民干，帮着农民赚"，被洪水毁于一旦的五岔口村，变成了"休闲杏花"乡村振兴示范村。

辛勤汗水浇灌　发家致富花开

果树种植人工成本降低 20％，优质果率达到 85％，亩产值提高 20％；技术辐射周围 1 万余亩，果树增产增效 1 000 万元……2021 年以来，郓城县玉皇庙镇西陈庄村一系列节本增效数字的背后，既饱含了当地果农的勤劳耕作，也凝聚着山东省果树研究所两位挂职干部的倾心付出。

科技女镇长：引领黄河岸边瓜果香

天黑有灯，下雨有伞。一年前因为她的到来，当地百姓发展果树产业有了盼头；因为这一年的付出，这个黄河岸边的小村庄一派生机盎然。

她，就是果树研究所的女博士王金平，脱产挂职郓城县玉皇庙镇的第一镇长，一个朴实无华、雷厉风行的"女汉子"。

王金平这辈子都不会忘记，到玉皇庙镇挂职报到的那天，是 2020 年 8 月 4 日，盛夏酷暑时节的一天。当天下午，她走出办公室，打开导航设备，开车，开启了走村串户的新节奏。

在第一批脱产挂职郓城的科技人员中，女同志只有她一人，果树专家也只有她一人。于是，拥有果树学、作物学和植物保护学等多学科知识的王金平，不仅是玉皇庙镇第一镇长，也是郓城全县的果树专家。果农们有疑惑时，第一个念头就是找她。

风里来雨里去的付出，在为果农不断解决问题的同时，她对玉皇庙镇西陈庄村的果树种植情况有了更进一步的了解：果树种植总面积超过 1 000 亩，种类丰富，桃、梨、苹果、杏、葡萄都有，农民种植果树意愿强烈，希望能有"一亩园十亩田"的高收益。不过从实际情况来看，果农收益不高，而且前景迷茫……追根究底，问题相似且突出：规模化果园管理缺技术、机械化水平低、人力成本高；精品采摘园"小、散、乱"，没有特色，品种老化、管理落后、不能产出精品果，效益低。

看着果农们期待的眼神，王金平感受到了压力，但她没有退缩，而是变压力为动力，把乡亲们的事当成自己的事。她成立了专家工作室，把自己的手机号码、微信联系方式张贴在采摘园地头，把办公室搬进果园。充分利用自身的技术优势和背后的人才资源，累计邀请专家 110 余人次，为当地果农传授苹果园防重茬，郁闭园高光效改造，老梨园腐烂病防治，苹果、梨、桃园病虫害绿色防控，台湾长果桑种植，优质草莓种植管理，林下食用百合种植管理，苹果与草莓、西瓜、食用百合等特色林下经济作物间作等实用管理技术十余项。

王金平依靠果树研究所，为西陈庄村提供 2 000 余株苹果、柿树，引进维纳斯黄金苹果、阳丰甜柿等树种，还引进了蔬菜研究所培育的食用百合，经济作物研究所培育的油葵、食葵、台湾长果桑，以及河南南阳信德食用菌公司培育的食用菌，帮助发展特色种植。

到 2021 年底，西陈庄林果效益、旅游效益和社会效益初显。园区草莓采摘区温室草莓每亩收益已超 2 万元，林下露天草莓与西瓜轮作每亩净收益达 1.5 万元。2021 年，西陈庄梨花节期间，该村集体收益增加 10 万元，每年还有 9 万元租金收入。

王金平先后编制了苹果、梨、桃、樱桃、甜柿、草莓的本地栽培技术规程，印发给相关人员。她跑前跑后，与郓城县林业局反复对接，培训指导 500 余人次，其中 20 余名果树种植新农人已经"开枝散叶"，被邀请到邻镇、邻县、邻市乃至邻省开展技术指导。

2021 年 7 月 14 日，郓城县农业农村局推荐"陈庄苹果"参加全国"一村一品"评选。

"送果使者"：跑遍玉皇庙镇

董放，来自果树研究所苹果育种与栽培创新团队，2021 年 8 月被选派到郓城县玉皇庙镇接替王金平挂职第一镇长。

在果园生产一线深耕了近 7 年之后，董放得到深入基层挂职的机会，没有丝毫犹豫，一干就是两年。

距离第二批挂职人员报到时间还有一周，他就"跑"到了郓城县玉皇庙镇。为什么如此"迫不及待"？因为果树种植是玉皇庙镇的主导产业之一，时间不等人，季节不等人。董放充分利用这一周的时间，在当地党委、政府支持下深入全镇果树种植合作社、种植基地和种植特色村，全面了解产业发展情况。通过摸清发展底数和前任挂职镇长王金平的介绍，他意识到当地果树产业仍然面临品种老化、从业人员年龄偏大、果园技术管理水平低等一系列问题，农民增收受到很大制约。

谋定而动，董放决定以建设智慧化果园为突破口，服务地方果树产业发展。

"果园是土地、技术、人力等众多要素的载体，建设示范性果园对群众的辐射带动效应事半功倍。"说干就干，董放对西陈庄村采摘园的地理环境、土壤条件、灌溉条件等进行了详细调研，一个高标准的智慧化果园建设方案在他脑海中逐渐清晰。

2021年底，西陈庄智慧化果园建成，园区引进天空地一体化智能感知、果园气象信息获取、智能虫情测报、水肥一体化等先进设备。据统计，新技术、新设备的应用，2022年人工成本降低20%，每亩果园节水40%、施肥用药节约20%、成本节约4 000～6 000元，优质果率达到85%，亩产值提高20%；技术辐射周围1万余亩，不断吸引着周边一批又一批果农前来参观学习。2022年，西陈庄采摘园生产的秋月梨，入选第三批全国名特优新农产品名录。

"产业有基础，但技术、资金、市场等都相对薄弱，还是让人放心不下。"董放坦言，在西陈庄村，仅靠示范园的长周辐射带动远远不够，自己还要发挥专业所长，在果品产业的技术培训、资金引进、市场对接等方面助力。

在他的协调联系下，山东省农药科学研究院在西陈庄村采摘示范园建设了农科专家工作室；果树研究所向西陈庄村捐赠山农酥梨苗木1 200株，秋月梨苗木2 800株，珍珠油杏、丰源红杏、荷兰香蜜杏等苗木6 800株，赠送化肥30吨。董放还帮助玉皇庙镇政府申请到县级乡村振兴专项资金300万元，用于改造西陈庄采摘示范园果树种植基地。

"来了董放，存放苹果不再愁。"西陈庄村党支部书记孟祥记动情地介绍，董放赶在上一季苹果和梨下树前，帮村里争取到一座100吨的冷库建设项目，冷库建成后及时向群众开放。"这下果品上市的时间就延长了，价格有保障，群众能得到更多的实惠。"孟祥记说。

除了引进项目，董放还致力于科学技术普及。他牵头建设300米科普长廊，多次邀请山东农业大学、青岛农业大学、山东省果树研究所的专家们，在果树生长发育的关键时节举办专题讲座，进行现场指导。两年来，累计培训果树种植户、种植企业负责人、技术人员70多场（次）、9 000多人，培养基层技术骨干100多人，为地方产业发展厚植技术根基。

在玉皇庙镇及西陈庄村果业发展的道路上，不仅有王金平、董放洒下的汗水，也凝聚着其他团队成员的心血。

　　山东省农药科学研究院的蒋爱忠研究员及其团队对接西陈庄村，他们对果园内出现的斑点落叶病、腐烂病、梨小食心虫、桃小食心虫等病虫害提供防控技术和部分高效低毒农药样品。并派出技术人员现场示范，讲解指导农药的安全高效施用，推荐新型药剂，倡导合理用药、交替用药、不超量用药，旨在提高用药效率、降低抗性发生。同时，团队推广农药院的最新研发成果，将高环境相容性无残留的新型生物农药和昆虫性信息素防控技术应用于果树病虫害防治，提升了产品产量和品质。2022 年，在梨园设置的梨小食心虫性诱剂，取得了良好应用效果，西陈庄村每亩果园增收 1 500 元左右。

　　虽然玉皇庙镇的果树产业有了很多变化，西陈庄村的苹果和梨也即将收获，但当地产业高质量发展还有很长的路要走，有很多的工作要做。董放表示："只要还有没解决的果业问题，我们就会一直坚持下去。"

小小金银花　种它能发家

2023 年 7 月 6 日，挂职郓城县随官屯镇第一镇长山东省农业科学院农作物种质资源研究所的杨文龙博士，与随官屯镇副镇长陈国龙一起，来到该镇彭店村村委会，他们把一个写有"山东省农业科学院乡村振兴科技引领型齐鲁样板示范基地"的牌子授予该村。

在村里挂牌山东省农业科学院示范基地，是对该村金银花产业的认可与褒奖。拿到这块金字招牌，是村两委很久以来的愿望，村干部和乡亲们期望得到农科院专家更多的指导和帮扶。

随后，村党支部书记彭汉臣介绍了该村发展金银花产业的情况。彭店是一个行政村，由彭店村、李垓村和石庙三个自然村组成，位于随官屯镇政府驻地以南 8 千米处，距离郓城南高速口 6 千米，地势平坦。共有村民 362 户，1 419 人，耕地 2 072 亩。以往村民以种粮为主，缺乏增收致富的门路。

乡村要振兴，必须发展产业，带动村集体和村民收入提高。随官屯镇党委书记梁宝记说："当前，农村绝对贫困问题已经解决，广大农民对美好生活有了更高要求，要使农民群众沿着共同富裕的道路更上一层楼，党支部领办农业专业合作社就是一条很好的路子。不仅有利于提升农村党支部的地位，还能增强农村集体经济的实力，增加村民收入。"

2019 年，为了振兴产业，带领村民致富，彭汉臣带领村党支部成员和部分群众去安徽亳州等地考察中草药市场，大家一致认为种植金银花风险小，市场前景好。

返回村里，部分村民跃跃欲试，最先行动的是村民张建成。他在村党支部的支持下，2019 年秋流转了 80 亩土地种植金银花。2020 年是种植的第一年，因植株小，产量低了一些，但当年收回成本并略有盈余。

彭汉臣看着成立合作社的时机到了，2020 年 9 月，村党支部领办注册了郓城县彭店康丰中药材种植专业合作社，为下一步更好地发展中草药产业奠定了基础。

张建成是合作社的第一批社员。在合作社的帮助下，2021 年，他种植的金银花盛花期亩毛收入达 8 000 多元，去除成本每亩纯收入 2 500 元左右。从5 月开始采摘一直到 10 月，用工最多时，每天需要 120 余人，采摘快的每天能收入 200 多元。邻近金银花基地的一位年近八旬、身体硬朗的老太太，也来采摘金银花，每天收入亦有四五十元。

张建成反映，在金银花种植过程中，由于管理技术跟不上，杂草多，虫害难治。为了解决这一难题，彭汉臣向镇党委、镇政府进行汇报。挂职随官屯镇第一镇长的郭涛与山东省中草药产业技术体系首席专家、山东省农业科学院经济作物研究所研究员王志芬取得联系。

王志芬带领团队来到金银花种植基地现场进行考察，并建议在种植模式上进行调整，由过去等行距单一平作，改为宽窄行套种垄作（宽行 2.3 米，窄行 1.2 米），窄行覆盖生态黑膜，宽行套种麦冬等。这样既解决了除草难题，还可通过种植麦冬增加收益。王志芬还就质量管控、水肥管理、病虫草害绿色防控、产后加工等多个环节进行了系统讲解，赠送了 5 套中草药专业科普书籍，结合当地实际情况制定了金银花种植技术规程，并表示将持续指导合作社金银花产业的发展。

彭店村发展金银花产业的事，引起了县里的关注。2021 年 10 月 28 日，郓城指挥部指挥长张文君带领专家到村里进行技术指导，表示要充分利用专家技术优势，将彭店村金银花产业基地发展为乡村振兴科技引领型齐鲁样板的示范点。

山东省农业科学院湿地农业与生态研究所的郭涛博士挂职期满交接工作时，再三叮嘱杨文龙，村里底子薄，但村两委班子思想活，干事扎实，一定要帮助村里把这个产业做大做强。杨文龙记在心里，落在行动上，多次到村里进行现场技术指导，建议打造品牌，建立完善的种植管理技术标准体系，进行全程质量控制。在村两委和村企业负责人的共同努力下，金银花产业成为村里乡村振兴的主导产业，村集体的收入有了提高，2022 年达到 54 500 元，也带动了周边村民就业。

伴随金银花产业的发展，村两委发现，金银花干花初级产品获得的利润还是偏低。于是，他们便有了做金银花深加工的想法。

2023 年，彭汉臣带领党支部成员和群众代表到临沂平邑县等地考察金银花深加工产业。在考察中彭汉臣发现，金银花可以加工成金银花露饮品、金银花香皂、金银花洗手液、金银花沐浴露等各种高产值产品，而金银花露以成本低、价格高、市场易接受、销量好的优势，成为村两委和村企业负责人共同选择的产业方向。

回来后，村集体和村企业负责人联合创办了郓城县营坤恒发乡村综合服务有限公司，村集体占股 30%。这样一来，村集体收入将大大提高。在省派第一书记的帮扶下，村里建起了 1 000 平方米的农产品加工车间，公司入驻了车间。

"在企业起步期，我们先借助王志芬团队技术支持，开发产品，找其他食品厂代工生产金银花露，后期自己再上生产线，逐步将金银花加工产业做大做强。"彭汉臣对产业的发展思路很明晰。

小小金银花，寄托了彭店村的致富梦，也见证了院地合作为推进乡村振兴而做出的努力……

两粮加一菜　稳粮又发财

2022年9月10日，山东省郓城县郭屯镇丁官屯村种粮大户丁永坡流转的400多亩地里，种植的玉米已经成熟。

郭屯镇近年来正在大力推广玉米秸秆"过腹还田"技术，种植的玉米都是活秆成熟品种，比其他品种成熟期提前近半个月。郭屯镇常年种植玉米5万余亩，收获时产生大量秸秆。如何更好地利用这些秸秆，2022年，镇政府大力推广玉米秸秆"过腹还田"技术。即玉米收割机免费为农户收获玉米，粉碎后的玉米秸秆运往大型养殖场，发酵后成为优质饲料，养殖场再将牛粪运往农田，培肥地力。通过这项技术，每亩可产生青贮秸秆1 250千克以上，既为养殖场解决了饲料问题，降低了饲养成本，又从源头上防止了焚烧玉米秸秆，保护了大气环境，同时还实现了资源的循环利用，发展壮大了畜牧养殖业。

"小麦播种一般都在10月中下旬。从现在到小麦播种还有40多天时间，这地就这样闲着怪可惜的，能种点啥好呢？"丁永坡平时就是个爱琢磨事的人，看着收获玉米后平整的土地，他在心里盘算着。

丁永坡联系了镇政府，分管副镇长会同挂职第一镇长山东省农业科学院蔬菜研究所的刘波博士一起来到地里。通过调研，刘波建议为进一步发挥玉米秸秆"过腹还田"技术优势，可利用这一空档期，种植一季速生蔬菜，这样既能保证粮食生产，又可以多一份收成，增加种植户的收入。

刘波找到了挂职丁官屯村第一村主任的蔬菜专家赵智中博士。

此时的赵智中正在两百多千米之外的济南试验田挥汗如雨，忙着试验，这时手机响了……

"您好，赵博士！现在这个季节能种大白菜吗？咱们村老丁家的地闲着，想种点白菜。"

"当然可以种，咱们所有专门的夏秋兼用大白菜品种鲁夏秋55，特别耐热，正好适合这个档期。他秋后还要继续种小麦的话，现在直播有点不赶趟了，我这里有育好的苗子，大概有五六亩地的，他可以拿去种上试试。"

"太好了，赵博士。"

"我忙完试验田里的活，就到老丁家那里去看看。"

赵智中是大白菜育种专家，老家在菏泽曹县。他挂职后，怀着对家乡的一腔热情，正盘算着怎么把积累多年的科研成果在家乡推广呢，这不，机会来了……

据赵智中介绍，鲁夏秋55是蔬菜研究所最新育成的夏秋兼用型大白菜新品种，叠抱、结球早、充心快、外叶浓绿、叶柄白色、无刺毛，食用品质好，抗霜霉病、软腐病和病毒病，生长期55～60天，单球重1.5～2千克。这个品种十分耐热，可在7月底播种，不具备播种条件的，也可在温室内提前育苗。10月初收获上市，此时正赶上蔬菜淡季，蔬菜价格高，亩产可达4 000～5 000千克，经济效益十分可观。

"我们可以利用短季青贮玉米和冬小麦之间的短暂空闲，充分发挥郓城光热资源充足、土壤肥沃、降雨充沛的天然优势，借助白菜生长期短、充心快、丰产、抗病、夏秋兼用等优点，形成'小麦＋玉米＋大白菜'一年三茬种植新模式。这样既提高了土地复种指数，保障粮食生产，又能实现农民增收致富，非常适合在粮食主产区推广。"赵智中兴致勃勃地说。

40多天之后，再次见到丁永坡时，他正在地里收白菜。他用毛巾擦了一把汗，高兴之余带着些许遗憾："种少了啊，真是种少了，我这400亩地要是都种上白菜就发大财了。你看这白菜，多大啊，一棵就接近两千克，卷得还结实。我现在根本不愁卖，拉倒市场上就被人抢购一空！还是要听人家专家的，我这一亩地多挣了2 000多块钱嘛，哈哈哈！"

同样感到兴奋的还有随官屯镇王庄村村民王明山，在他的蔬菜基地里，盛夏时节播种的大白菜喜获丰收。王明山从地里拔出一棵大白菜，高兴地说："没想到夏天能种出大白菜来，还长得这么好！管理非常简单，我一共就来过两三回！而且现在价格高，一斤都能卖到七八毛，还不愁卖。"

提起赵智中博士，郭屯镇邵集村的杨延廷直竖大拇指。花甲之年的杨延廷是当地小有名气的蔬菜种植专业户，他种的蔬菜可谓五花八门，白菜、萝卜、大葱、西蓝花、生菜、香菜应有尽有，用他的话说种的就是个"大杂烩"。

杨延廷家的基地条件较好，租的地都是大拱棚。这些大拱棚是前几年村民建的，但都没有充分利用起来，除了几棚蔬菜外，其他的都是种小麦、玉米，十分可惜。

刘波了解到这一情况后，建议杨延廷充分利用好大拱棚，2022年试行了"小麦—玉米—大白菜"两粮一菜模式，种植的大白菜赶上了好行情，据估算，每亩可增收 2 000 多元。

郓城是全国产粮大县，如何在稳定粮食生产的同时，增加农民收入，赵智中博士探索创新的"两粮一菜"种植模式给出了答案。

小虫子是个宝　处理废物立功劳

郓城县黄安镇坐落于黄河下游。20 世纪 90 年代以来，该镇大力发展板材加工产业，各类板材加工小作坊、小车间，分布于 36 个自然村落的田边地头、房前屋后，目前共有 2 300 多家。一座座板材加工作坊旁边，就是麦田与肥堆、牛棚与鸡舍，农耕三轮车开出板材厂，又开进麦地里。老百姓一边进行板材加工，一边进行农业生产，演绎着工业与农业生产当日转换的最快节奏，当然也产生了丰厚收益。

然而，传统的小麦—玉米轮作和分散、粗放的养殖模式，产生的大量畜禽粪便及废弃物严重污染了环境，村中污水横流、苍蝇乱飞、臭气满天，导致黄安镇环境治理考核指标一直不理想，许多人想了很多办法也没有彻底解决这一难题。

时至 2023 年 7 月，炎炎夏日，较往年苍蝇少了，难闻的气味淡了。说起全镇环境两年来的变化，黄安镇党委书记韩要强表示，这主要得益于山东省农业科学院实施的科技引领型乡村振兴齐鲁样板打造工程。

2021 年，是样板打造工程实施的第二年。当年夏天，山东省农业科学院农业质量标准与检测技术研究所选派副研究员高磊到黄安镇挂职第一镇长。高磊到达黄安镇后，"热烈欢迎"他的是浓浓的鸡粪及发酵后刺鼻氨水味，"被感动"得泪水涌出了眼眶。

高磊经过一个月的实际考察与调研发现，黄安镇蛋鸡养殖历史悠久，蛋鸡养殖户无法合理地处理鸡粪，久而久之，废弃物严重污染了环境。关掉所有蛋鸡场来改善环境是不可能的，给每个养殖户配置高价的粪污物处理设备也不现实，而以镇域为单位建设现代化的集中处理设施难度又非常大。

面对严峻挑战，怎么办？

高磊返回济南，及时向所领导汇报了黄安镇基本情况。领导班子多方咨询技术专家，也搜寻了目前市面上解决粪便问题的方案，查阅了国际上的相关资料。然而，限于黄安的现状，都无法用于解决彻底解决畜禽粪便污染环境问题。

这时，高磊突然想到 2018 年自己去法国考察时，看到过黑水虻处理病死畜禽和餐厨垃圾上的成功案例，他立刻查阅了黑水虻相关资料。黑水虻又称亮斑扁角水虻,是双翅目水虻科扁角水虻属的一种昆虫,在热带和亚热带的大部分地区都有分布。它可以高效转化有机废弃物为优质蛋白资源,是一种重要的环境和资源昆虫。在自然界,其幼虫以腐烂的有机物和动物粪便为食,可以显著减少粪便堆积,还能有效控制野生家蝇滋生。在对其生物安全方面的研究中发现,对环境非常安全,对人类完全无害。其成虫既不携带病菌,也不侵入人类的居住环境,对农作物不构成任何危害。

除此之外,黑水虻全身是宝。幼虫和预蛹期可以加工成昆虫干粉,替代豆粉或鱼粉,成为饲料中优质蛋白源和脂肪源添加剂;幼虫和蛹还可以直接喂养鸡、鸭、鱼、观赏鸟、龟、蛙等经济动物,为其补充维生素。利用黑水虻处理鸡粪、猪粪和餐厨垃圾等废弃物,生产昆虫蛋白资源,既能满足优质蛋白质饲料喂养家禽、牲畜,又能达到相互转化的目的,还可以降低养殖成本,形成绿色生态养殖。

确立了黑水虻资源化利用项目后,高磊收集全国各地的黑水虻品种进行试验,筛选出适合黄安本地生长的黑水虻品种。随后,他以科企合作的模式,与山东联聚农业综合开发有限公司共同实施黑水虻资源化利用项目,并将"所长样板工程"落到黄安镇,所内派驻宁明晓博士全脱产负责落实,全力打造黄安镇镇域全产业生态循环发展样板。

经过一年多的建设,总计投资 400 余万元,科研团队相继建成了黑水虻成虫养殖大棚 4 个(养殖面积 4 000 平方米)、羽化室 1 个、产卵室 1 个、孵化室 1 个,可处置转化畜禽粪便 20 吨/天,生产黑水虻鲜虫 3 吨/天、黑水虻虫卵 4 千克/天,产值约 5 万元/天。团队实践探索出一个全新的模式,即通过推广示范畜禽粪污资源化利用,实施新型社会化服务,带动形成整县域畜禽粪污收集、存储、运输、处理和综合利用的全产业链,实现产业振兴,促进农民持续增收。这个项目的实施,将有效减少畜禽粪污的直接排放、减轻养殖气味污染,改善农村生活环境,推动美丽乡村建设,还能拓宽农民增收的渠道。

在解决镇域畜禽粪便的问题之后,黑水虻虫体蛋白再次利用的问题亟待解决。尽管已有研究表明,黑水虻能够替代鱼粉,但是黑水虻虫体还未得到充分开发。

科研团队调研发现,市场需要高端鸡蛋,发展高端鸡蛋产业可促进黄安镇鸡蛋产业提质增效。

高磊与宁明晓又提出一个新的产业化思路,即利用黑水虻虫体开发虫草饲料，在原有鸡蛋产业的基础上，生产高品质和高价格的虫草鸡蛋。借助微生物发酵生产虫草饲料的小试试验，饲养蛋鸡提高蛋鸡本体的抵抗力及产蛋率的中试试验，产业化、规模化应用虫草饲料试验已经完成，顺利产出了第一批鸡蛋。目前，正在组织科研人员，对虫草鸡蛋与普通鸡蛋的品质进行比对，用数据来展示虫草鸡蛋的优势与卖点。

"下一步，我们将不断优化虫草饲料配方，切实提高鸡蛋的品质，促进黄安镇鸡蛋产业提档升级。"韩要强对未来发展充满信心。

省城专家进村来　养牛产业上台阶

"我们的挂职镇长和首席专家了不起，在他们的支持下，我们村的养殖产业有了大变化，村民的收入提高啦！"提起山东省农业科学院的挂职专家，黄安镇季垓村老支书季海良赞不绝口，省城的下派干部从根本上改变了该村养殖产业的发展轨迹。

2021年9月，山东省农业科学院农业质量标准和检测技术研究所选派高磊挂职黄安镇第一镇长，他来到季垓村鲁西黄牛养殖场，看到大大小小20多座由木材加工厂改造而成的养殖场，由废弃木材圈起的一个个围栏，养殖场内还散发着原木气息。他被勤劳智慧、敢于创新的黄安人民所感动，但同时也发现，养殖场建设不合理、养殖繁育技术缺乏、机械装备落后的状况已经显现，临时改造拼凑杂乱的养殖场，板厂工人变身饲养员，板厂短平快的管理思维必然导致养牛产业效益低下。

高磊多次实地走访，精确核算养殖成本效益等关键数据，发现20多个养殖户普遍存在想做做不大、想赚赚不多、想闲闲不下的产业瓶颈问题。"带病问诊、对症下药，农科院的专业研究所就是最好的农业产业门诊"，高磊非常有底气地和养殖户们规划着养殖场的未来。

关注、关心季垓村养殖业发展的还有一位首席专家，他就是山东省农业机械科学研究院畜牧养殖装备创新团队首席、国家肉牛牦牛产业技术体系岗位专家——钟波研究员。钟波挂职第一村主任并率领团队来到季垓村，一见到村两委班子成员，就开始交流。

村内有个郓城海良养殖有限公司，肉牛养殖具有一定规模，采用的是当地典型的养殖模式。公司负责人季海良在交流过程中表示，想引进新技术新装备。钟波了解了他的想法后，决定选取该公司作为团队最新研究成果落地的示范场，采用"以点带面"的方式，帮助季垓村畜牧养殖产业健康发展，从而带动其他养殖户养殖水平和养殖效益的提升。

按照钟波的思路，降低劳动力成本是核心，场区区域功能优化是关键。针对公司存在的问题，钟波提出了改进方案。他把团队最新研发的样机产品全液压自走式TMR搅拌机等自动化设备投放到该公司，进行现场试验示范。很快就起到了节本增效的作用，公司效益有了显著提升。

2022 年 5 月，钟波团队成功获批山东省农业科学院农业科技创新工程"牛羊粗饲料高效裹包青贮全程机械化关键技术研究与示范"项目，研发了智能配料打捆包膜一体机及高效低损夹包机。

6 月，农业机械科学研究院、黄安镇人民政府主办，郓城指挥部联办的家庭牛场关键技术装备现场观摩会与技术培训在郓城海良养殖有限公司举办，当地合作社负责人、牛羊养殖户等 30 多人参加。现场会上，大家观摩了由钟波团队针对家庭牛场生产实际研发的全液压自走式 TMR 搅拌机等家庭牛场适用的关键装备，学习了装备使用和牛场日常管理技术。当时还邀请了国家肉牛牦牛产业技术体系济南试验站站长、山东省农业科学研究院畜牧兽医研究所动物营养专家成海建对养殖过程中的关键技术和应注意的问题进行了现场讲解。黄安镇人大主任孙润华高兴地表示，"农科院的专家给黄安畜牧养殖业带来了一场行业盛会，给我们上了一场生动的培训课。"

到了玉米收获季节，农业机械科学研究院和黄安镇政府共同举办了肉牛养殖饲喂机械化暨粗饲料裹包青贮全程机械化演示会，现场演示了裹包青贮全程机械化作业和裹包青贮饲料的饲喂过程。农业机械科学研究院畜牧装备团队高级工程师孙志民介绍，"前期经过广泛调研发现，黄安镇采用窖贮方式贮存饲草，作业质量较低，日常使用管理不当，造成了饲料变质，问题非常严重，而裹包青贮这种方式非常适合黄安的养殖户。我们把最新研发的打捆包膜一体机带过来，进行现场演示和技术培训，希望能对广大养殖户有所帮助。"

2023 年，钟波团队再次获得院创新工程支持，通过项目支持研制的恒温饮水系统、自走式清粪机等样机产品已在郓城海良养殖有限公司进行示范。项目负责人、农机院畜牧装备团队青年骨干罗帅博士介绍，"全电动自走式 TMR 搅拌机、自动化犊牛饲喂机已经完成了样机试制，调试好就到场里示范。自动推料装置也完成了方案设计，很快就能进行试制试验，链接各关键装备的标准互联家庭牛场数据管理平台也完善中。我们希望将季垓村及周边的肉牛养殖场集成到我们的平台上来，打破肉牛养殖各环节数据孤岛，根据大数据进行科学决策和标准化养殖。"

"我们村肉牛养殖发生了根本性改变，养殖户从一开始的怀疑、观望到下定决心跟着干，态度转变的背后，是实实在在收入的提高。"季海良介绍。

在郓城海良养殖有限公司，施工车辆来回穿梭、施工人员有条不紊地进行作业，一派热火朝天的景象。季海良满怀信心地说，"本来以为我这把年纪，养好百十来头牛，挣的钱够一家人生活就行了。农科院专家来了后，手把手教我进行一系列技术升级，2022 年公司的效益有了很大提高。有专家支持，我的干劲更足了，今年我要扩建圈舍。这批母牛已经产犊牛 20 多只，我准备再购进一批犊牛，存栏量有望翻一番！"

高新科技引领　果蔬华丽转身

国色天香犹未尽，又见樱桃一树红。

2023 年 5 月，郓城县第三届大樱桃文化旅游采摘节正在郭屯镇魏楼生态园举办。游客们兴高采烈地走进樱桃园里，拨开碧绿的树叶，一串串红彤彤的大樱桃缀满枝头，鲜艳的色彩、诱人的果香，让人垂涎欲滴。蔬菜大棚内，即将成熟的西瓜、甜瓜若隐若现，透着沁人的芬芳。

望着熙熙攘攘的人群，园子的主人老张心里乐开了花。

老张名叫张体存，是郓城著名的"甜蜜"大户。六年前，老张还是北京一家公司的项目经理，正当事业干得红火风光时，他做出了一个让人意想不到的决定，返乡种地，在瓜果种植领域闯一片新天地。同事劝说，家人埋怨，公司领导挽留，他却撂下一句话："在外再好毕竟是打工、漂流，在家乡创业才是我的心愿。"铺盖一卷，他回到了自己的家乡——山东省郓城县郭屯镇魏楼村。

老张先后流转土地 170 亩，投资 10 余万元，从泰安购买了果树苗，建起了 40 亩的樱桃园、80 余亩桃园，在大拱棚内种植了 20 亩 8424、甜王、丰收系列的十几个西瓜品种，40 亩鲁厚甜 1 号、博洋九、绿宝等 10 个甜瓜品种，成了名副其实的"果蔬大王"。

一石激起千层浪。魏楼村有为他担心的，也有说风凉话的，搞不好万一赔了咋办？面对人们的异样眼神，老张坚定地说："请您放心，我不会输！"

说起来容易做起来难，从来没有种植过果蔬的老张还是碰了一鼻子灰。种植的大棚樱桃由于没有及时放风，导致授粉不良，几乎绝产。大棚西甜瓜由于品种没选好，个头小，畸形果多，品相差，卖不上价。

转折发生在 2020 年 6 月，山东省农业科学院打造乡村振兴科技引领型齐鲁样板示范县在郓城实施，郭屯镇作为郓城县特色种植养殖重点乡镇，成了农科院的"主战场"，先后选派李志鹏、孙凯宁、刘波三位专家来郭屯镇任第一镇长。

在魏楼生态农业园内，大棚的樱桃、西瓜、甜瓜，通过使用富硒高效栽培技术，"华丽变身"为富硒产品，身价倍增，成了市场上的抢手货。农科院专家提出，围绕农业产业链整合提升价值链，培育壮大成长性好、附加值高、引领性强的农业新业态，结合魏楼村良好的果蔬产业基础，不但积极打造樱桃、桃、西瓜、甜瓜等无公害和绿色品牌，还在智慧农业创建上增设自动化施肥、灌溉、控温设备，使生态农业园迈上了"智慧"之路。

看着生机盎然的大棚，老张脸上洋溢着笑容，兴奋地说："2022年，农科院的专家帮我试验了甜瓜和西瓜间作种植，效果很好。今年，这两个棚我都是间作种植，采用富硒技术，如果取得成功，打入市场，我这周边的农业产业园里还有五六百亩的樱桃、桃树，也会很快生产富硒产品，那不就成了香饽饽了吗？"

在郭屯镇人民政府的指导下，魏楼村连续三届大樱桃文化旅游采摘节顺利举办。通过快手、抖音、电视台直播，40亩樱桃很快就被摘得精光，同时还带动了魏楼村大棚西瓜、甜瓜的热销。

"2022年的樱桃节，来采摘樱桃的人像赶集似的，他们尝完樱桃又尝甜瓜、西瓜，直说甜，于是一袋袋西瓜、甜瓜、樱桃都抢着往车上装。"在老张果园打工的一位50多岁的妇女说道。

老张仍然在棚里棚外"甜蜜"地忙着，忙着为人们送上惊喜的甜蜜。

黄河岸边　落后村变身美丽乡村

2020 年 6 月，郓城县李集镇杨集村成为山东省农业科学院监督审计处刘廷利的帮包村。作为监督审计处的处长，刘廷利第一时间就来到村里调研，了解村情民意。在与村两委交流中得知，杨集村位于李集镇西北 28 千米处，郓杨路终端，临近黄河，地理环境非常优越。村居民人口 1 301 人，党员 33 名，耕地 2 300 亩，主导产业为小麦玉米种植、林果种植和乡村旅游。同时也发现了村产业发展的短板，一是人才缺乏，尤其是懂农业、有资金、会经营的能人太少；二是乡村富民产业没有培育出来，土地分散，缺乏规划，很难在政策上获得建设用地或者工厂用地，产业发展基础不牢；三是没有标准的示范园区，本村虽有很多果树、特色蔬菜种植和畜牧养殖园，但技术、市场、人才、资金等因素没能形成合力，一直没有标准化农业示范园。

找到了问题的症结，接下来就是怎么干了。

刘廷利决定以党建引领为抓手，因地制宜，帮助杨集村优化传统农业种植体系，逐步发展以旅游采摘观光、生态农业等为主体的现代化农业产业，拓展村民增收致富的渠道。

为不断壮大村集体资产，实现村民共同富裕，刘廷利坚持"稳定经营、稳步发展、风险共担、利益共享"原则，以科技入股和科技特派员加持的形式，大力发展生态、休闲、高效、观光农业，以实际行动实践探索科技合伙人模式。组织挂职人员和院内相关专家在合作社流转的土地 600 亩土地上，建起了猕猴桃生态园、有机草莓园、珍珠油杏园、精品梨园、金蝉养殖示范区、蘑菇采摘大棚和肉料加工冷库。

开发生态旅游产品。发展生态旅游采摘，安全健康的产品是基础。副处长张宏宝挂职李集镇第一镇长，他整合院内资源，通过支部联建方式，协调山东省农业科学院蚕业研究所特种经济动物昆虫资源团队利用院创新工程项目，指导大杨集村合作社进行人工孵化金蝉种植，带动全村 100 多亩杨树林和其他果树林养殖金蝉，每年可增加收入 5 000 元/亩；协调特色作物资源创新团队党支部与大杨集村党支部进行党支部联建，把彩色花生项目落地于杨集村黄河滩区，为当地发展"特色花生＋休闲旅游"奠定了基础。

探索乡村富民产业。种植业顺了，养殖业也必须配套。张宏宝与其他挂职第一镇长相互交流，取长补短，为村里提供了芦花鸡种苗。对养鸡产生的粪便，通过养殖黑水虻将其处理成优质有机肥，而黑水虻的幼虫，又可以为芦花鸡提供丰富的蛋白资源，探索了林下用虫子饲喂散养的芦花鸡，开发的"农科优品虫草鸡蛋"已经上市。同时还在杨集村开展立体草莓大棚种植和立体蘑菇大棚种植，通过多个项目组合、多项技术集成应用，在杨集村取得了良好的经济和生态效益。

建设标准示范园。借助山东省果树研究所的技术和山东省科技特派员项目，张宏宝协调果树专家对杨集村的猕猴桃、秋月梨等果树生长实行全程管理与指导。遭遇低温天气时，果树研究所研究员李国田指导村民们及时采取预防措施，保证了猕猴桃在郓城黄河滩区长势良好、果品优良。

果树研究所副研究员魏树伟手把手指导秋月梨种植户，向他们传授修剪、刻芽以及病虫害防治等关键技术，大大提升了种植户的技术水平，在黄河滩区打造了鲁西南高标准猕猴桃、秋月梨标准示范园。

有了发展规划，培植了好的产业，储备了好的产品，杨集村今后的发展路子将会更顺。2023年，协助村里申报了美丽乡村建设项目，获批了57亩旅游建设用地。目前，生态系统保护成效监测评估已经完成，绿色旅游景区建设正在展开，招商工作也正在有序进行。

借助李集镇第一届民俗文化节的成功举办，山东省农业科学院各个研究所的多项科研成果和技术受到参展群众的喜爱，前来咨询的群众络绎不绝，受众达10万人次。

两年来，村集体经济不断壮大。2022年底，杨集村集体经济收入超过15万元。到2023年底，力争村集体经济收入超过25万元。

刘廷利说，"坚持党建引领，科技帮扶，以'支部联建＋合作社＋农户'模式，把杨集村杏园、梨园、猕猴桃园等有机水果采摘园串联成观光线路。帮助杨集村打造特色农产品标准化种植基地，建设食品加工厂，生产生态旅游产品，让游客在赏花采果的过程中放松心情、休闲娱乐，在共同富裕的路上，尽享农耕文明与黄河文化赋予的馈赠。"

二、科技兴社篇

首席推荐珍稀食用菌　合作社打了个翻身仗

赤日炎炎，汽车在广袤无垠的鲁西南平原上奔驰，抵达郓城县侯咽集镇枣杭村东南侧，在路边停了下来，视野中呈现依次排列的白色大棚，走近数一数，总共有 23 个。

这里是一个食用菌生产基地。白色拱形控温大棚内，栽培的并非普通的平菇、草菇、木耳，而是平时鲜见的黑皮鸡枞菌。

黑皮鸡枞菌长什么样？有何与众不同之处？

基地的主人——郓城县娴硕谷物种植专业合作社理事长王淑全，领着客人进入大棚。只见棚内摆放着一列列、一层层的铁架，好似学生宿舍的床铺，不过这些床铺不是上下两层的，而是分为上下五层的。每一层都平铺着厚厚的培养基，一个个伞状物从培养基上钻出来，表面呈黑褐色，露出培养基的部分，上部是一个不算大的伞盖，下部则是一个伞把，支撑着伞盖。

王淑全用手轻轻拔出一个伞状物，介绍说："这就是黑皮鸡枞菌。这种食用菌营养丰富、口感好，可以生食，在北京、上海、广州、深圳等一线城市，很受消费者青睐，是市场上的抢手货。最近几年，我们合作社就是依靠栽培这种珍稀食用菌，经济效益大幅增长，走上了可持续发展的路子。"

2017 年，合作社建造大棚，开始栽培食用菌，当时王淑全选择的都是市场上常见的种类，例如平菇、草菇、白灵菇，还有木耳、灵芝等，以为它们的管理技术简单好学、便于掌握。实际上，平时管理时，如果预防不及时，大棚内极易滋生杂菌，一旦出现杂菌，一个大棚甚至整个基地就全毁了。即使防住了杂菌，基地经济效益也不理想。平菇、草菇等食用菌属于大宗产品，采收之后，很难打入大中型城市的超市，只能运到附近乡镇驻地和县城销售，价格较低。

鉴于这种局面，王淑全便想改换食用菌种类，学习栽培管理新技术。经过一番打听，他找到了山东省食用菌产业技术体系首席专家、山东省农业科学院农业资源与环境研究所万鲁长研究员。

2019年春季的一天，王淑全驱车赶到济南，登门向万鲁长请教，跟他诉说自己栽培食用菌遭遇的困难，恳请他前去郓城指导。

万鲁长认为，解决生产一线的实际困难，是科研人员义不容辞的责任。第二天，他就跟随王淑全赶到郓城食用菌种植基地。走进大棚查看现场，询问采取了哪些管理措施、现有菌类产品的市场销售情况，建议合作社淘汰原来栽培的平菇、草菇等食用菌，改种市场看好、方兴未艾的黑皮鸡枞菌，并推荐了质量较高的菌包生产厂家以及安全高效的消毒剂。然后，他详细讲解了栽培管理注意事项，一再叮嘱今后必须做好预防工作，以免滋生杂菌、污染生产环境。

2020年6月，山东省农业科学院把郓城县作为乡村振兴示范县进行打造，万鲁长主动请缨到郓城生产一线去。经过郓城指挥部统筹安排，他挂职郓城县侯咽集镇枣杭村第一村主任，并担任郓城县娴硕谷物种植专业合作社的技术顾问。从那以后，合作社种植基地正式成了山东省农业科学院食用菌新品种新技术示范点，成了万鲁长时常挂念的地方，几乎每个月他都要来一两趟。

济南市距离郓城县有近200千米，开车走一趟大约需要3个小时。万鲁长每次抵达合作社食用菌种植基地，都顾不得休息，总是一头扎进大棚，认真查看食用菌长势，仔细询问棚内温度、湿度等数据指标变化，以及生产管理方面有无异常。

自2020年以来，万鲁长深入郓城县食用菌生产基地，除了枣杭村，他还到坡里何庄村、李楼村、甄庄村等村办合作社，帮助引进珍稀食用菌品种，提供食用菌栽培菌种和示范菌包，赠送植物源杀菌杀虫制剂和菌渣发酵微生物菌剂，以及食用菌栽培专用物资。几年来，万鲁长指导、帮助当地合作社解决了诸多技术难题和生产困难，被当地菇农亲切地称为"蘑菇首席"。

黑皮鸡枞菌是一种适宜温度范围较小的珍稀食用菌，其菌包需要脱袋后覆土栽培，在菌包发菌后熟、运输储存及覆土培育阶段，对空间、土壤温度的高限和低限非常敏感，极易感染绿霉、细菌等杂菌，导致出菇失败。

2021年秋季的一天，王淑全突然发现，生产基地棚内的黑皮鸡枞菌菌包长出一些杂菌，他想如不及时处理，一旦扩散开来就麻烦了，他急忙向万鲁长求救。得知这一情况，万鲁长立即赶到生产基地，查看栽培操作环节、菇棚管控参数和环境卫生条件，并采集了菌包、菇体和覆土样品。在实验室，他分离杂菌及黑皮鸡枞菌丝，并分析杂菌滋生感染的关键因素，终于找到症结所在，即菌包菌龄不足、储存温度过高、覆土消毒不彻底。针对这种情况，万鲁长指导合作社采取技术相应措施，从源头上加强预防，之后黑皮鸡枞菌菌包栽培避免了杂菌污染，为合作社挽回经济损失 100 多万元。

王淑全说，栽培黑皮鸡枞，除了大棚内不能有一丝杂菌存在，还必须保持棚内温度的相对稳定，25℃上下浮动1℃是黑皮鸡枞菌生长的最适宜温度。就一个生长发育周期来看，从覆土培育菌包到出菇这一个月左右的时间是管理的关键时期，必须谨慎小心，稍有疏忽便可能铸成大错。安全、平稳度过这一个月，就开始出菇了，此后可以连续采收 4 个月左右。

基地一般每天采收黑皮鸡枞菌 300～350 千克，客户上门收购，出价较高，一、二级产品 36 元/千克以上，三级 30 元/千克，四级 26 元/千克，合作社每天都有 1 万元左右的收入。原来栽培平菇等常见食用菌，每千克只卖几元钱，合作社每天只有不到 1 000 元的收入，去除成本，所剩无几，有时还赔钱。

客户收购的这些黑皮鸡枞菌，经过精心包装，被一批批运往北京、上海、广州、深圳等一线城市的超市，供不应求。

如今，在万鲁长的技术指导下，郓城县娴硕谷物种植合作社经济效益大幅度增加，年增收达 300 万元以上。

借助这个平台，当地许多农民的收入、枣杭村集体经济收入也都有了明显提升。黑皮鸡枞菌采收期间，每天都有五六十名附近村庄的村民，主要是 50～70 岁的中老年妇女来基地干活，有的专管采收，有的负责削根，年轻一点的则负责装箱、装车。据统计，她们年人均增收超过 2 万元。合作社除了承担土地流转金，每年年终为社员分红，还向村集体缴纳扶助资金，且逐年提高，2022 年达 16.2 万元。

王淑全介绍，如果有足够的劳动力，合作社便可以扩大黑皮鸡枞菌的栽培规模，缓解市场供应紧张的局面，同时增加合作社的收入和工人的收入。按照他的计划，下一步将提高合作社机械化生产水平，提升劳动效率，降低栽培成本，实现食用菌产业提档升级。

三个期望达成　　发展底气更足了

"需要优质的小麦玉米种子、先进的农业生产技术，还要有深加工企业来对接，增加农产品附加值。"2021年8月30日，山东省农业科学院专家首次和郓城县巧农匠种植专业合作社对接时，合作社理事长全西胜提出了上述三个期望。

"这些要求正是我们的强项，完全有信心满足。"挂职郓城县黄泥冈镇白垓村第一村主任、山东省农业科学院作物研究所专家李根英，郓城县黄泥冈镇第一镇长、山东省农业机械科学研究院专家何腾飞毫不犹豫地应了下来。

2019年，依托黄泥冈镇袁庄村扶贫车间，与高素质农民、青年农场主全西胜、滕仰镇、程勇等合作，成立了巧农匠合作社。创建伊始，合作社确立了目标：打造服务农业产前、产中、产后的全产业链服务体系，采用土地流转和土地托管的模式，统一种植、集中管理，减少投入，提高收益，解放农村劳动力，带动社员脱贫致富。

目前，合作社已形成集农业生产资料供应、粮食烘干存储、订单种植收购、农业机械服务、土地流转托管等服务项目为一体的综合服务型合作社。文章开头提出的三个期望，正是打通合作社发展瓶颈的关键。

2022年3月9日，山东省农业科学院的13位专家汇聚在郓城县巧农匠种植专业合作社，挂牌成立农科专家工作室，至此合作社科技人才队伍又壮大了，"党支部＋专家＋合作社"的模式更加完善。

同年6月，合作社管理的1 500亩小麦喜获丰收。了解到合作社农机具不足，何腾飞积极协调山东省农业机械科学研究院团队，第一时间支援大马力拖拉机、新研制的免耕播种机，协助合作社完成玉米播种，实现抢收抢种。

后来，何腾飞到合作社走访调查，看到庭院晒场依旧有成堆的玉米，用手一摸还热乎乎的。合作社负责人无奈地说："我们的烘干设备日烘干能力只有60吨，这些日子一直加班加点进行烘干。来不及烘干的粮食只能先堆在晒场，时间久了肯定会出现一些粮食发霉变质的情况。"何腾飞了解情况后，还是第一时间联系山东省农业机械科学研究院专家。不几日，专家团队便来到合作社，对粮食烘干机设备进行改造升级，将燃料由燃油改为生物颗料，增加30吨粮食烘干机3台套，将日烘干能力提升到240吨，每天可集中烘干处理湿粮

180～260 亩，提高效率的同时减少成本，解决了粮食烘干、晾晒难题。

9 月 15 日，第三批挂职镇长山东省农业科学院经济作物研究所的徐士振博士到位，与第二批何腾飞完成无缝衔接，保证了合作社工作持续开展。

当年 10 月，在李根英协调下，帮助合作社实现高产、稳产小麦品种济麦 22 播种实现全覆盖，筛选作物研究所 7 个优质小麦品种在合作社开展新品种示范。团队成员多次深入合作社田间地头，实地调查新品种长势，旨在筛选适合当地种植的优良品种。

10 月，正是小麦播种的关键时期，新型农机具推广使用、职业机手培训、常见故障处理等都是影响合作社收益、提高先进机具作业效能的关键因素。农业机械科学研究院在合作社召开了现场培训暨观摩会，展示了先进作业机具与玉米烘干装备成果，对机具作业常见调整方式与异常故障解决方法进行了培训。

2023 年 3 月，根据合作社需求，徐士振和李根英团队对接，邀请小麦栽培专家张宾研究员到合作社开展小麦技术培训和田间现场指导。5 月 24 日，在郓城县举办小麦新品种现场观摩会，集成展示示范新品种、新技术，推广绿色高质高效标准化生产模式，郓城县巧农匠种植专业合作社成为其中一个观摩点。

提升合作社种植效益，增加农产品附加值是关键。徐士振和李根英团队积极联系农产品加工企业，搭建企业和合作社桥梁纽带。合作社和小麦育种企业、面粉深加工企业签订订单，代繁代育小麦种子和强筋小麦，以每千克高于市场 0.2 元的价格回收社员小麦，按照合作社周边粮食产量计算，可增加社员收入 100～130 元/亩，现在带动周边 6 200 多亩土地进行种植，每季增加社员收益 60 余万元。和国内外的淀粉深加工企业签订订单，种植深加工厂家指定的玉米品种，按照每千克高于普通玉米 0.2 元的价格回收，社员可增收 90～120 元/亩。为保证玉米纯度，需要成方连片种植，现在合作社带动周边种植户种植了 3 100 余亩，每季增加社员收入 30 多万元。

山东省农业科学院专家引进了好品种、新技术，如今的郓城县巧农匠种植专业合作社经济效益大幅度增加，负责人信心倍增，2023 年与黄泥冈镇政府积极协调，新增流转土地 1 700 亩，合作社发展再上一个新台阶。

"下一步，我们将不断提高合作社机械化生产水平，提升劳动效率，降低栽培成本，实现产业提档升级。"全西胜对合作社未来发展充满信心。

花生科技加持　产业增效提质

"麻屋子，红帐子，里面住着个白胖子。"这是我们小时候常听到的一个谜语，说的就是花生。山东是国内重要的花生主产区之一，常年种植面积达900万亩以上，产量超200万吨，约占全国总产量的15%。

陈坡乡位于郓城县西部，地处黄河故道，多为沙质土壤，319省道穿境而过，气候条件和区位优势明显，适宜高品质花生生长，其花生以壳白果大而闻名。目前，陈坡乡田集村、新田集村、双合楼村等村庄种植花生都有一定面积，但也存在让农民"头疼"的事，产量不高，一直维持在五六百斤；抗病性差，花生得了病，不知如何是好；结荚期雨水大，花生果在地里就发了芽；缺少深加工企业，收获的花生只能卖给原料加工厂或者自己留着榨油。另外，由于农村劳动力减少，产品销售市场单一，花生种植面积不断减少。当然，当地的花生种植大户也从不掩饰他们对新品种、新技术的渴望。

2020年6月，山东省农业科学院开始在郓城打造科技引领型乡村振兴齐鲁样板，花生研究所团队到陈坡乡调研发现了上述问题。随后，他们便制定了目标和对策，即：以拉长产业链、提升价值链、拓宽增收链为主线，聚焦产业发展的"卡脖子"问题，健全郓城花生产业链，助力花生产业高质量发展。

9月22日，花生研究所与郓城指挥部联合，在菏泽市农业科学院科技示范基地举行鲜食花生新品种观摩会，邀请陈坡乡田集村等花生种植大户、合作社负责人、菏泽市农业科学院科研人员60余人进行观摩。

花生研究所研究员崔凤高向与会人员介绍了鲜食花生的种植效益、生产现状、发展趋势及市场前景，花生育种专家陈静博士详细介绍了花育9515的特点特性，菏泽市农业科学院科研处处长程亮介绍了与鲜食花生高产种植相配套的生产栽培技术。花育9515是花生研究所针对市场需求育成的鲜食花生专用型新品种，春播生育期110天，夏播生育期95天。与对照传统鲜食花生品种四粒红相比，这个品种优势突出：一是产量高，平均每穴结果数比对照增加15～20个，鲜食花生产量达到750千克/亩以上；二是不早衰，能够活秆成熟；三是果型大，是四粒红果型的两倍。

大家在现场观摩中解放了思想、更新了观念，为花生种植结构调整提供了方向，在鲁西南地区打造了"鲜食花生—短期蔬菜—小麦"一年三作的耕种模式。

2021年8月，山东省农业科学院选派第二批挂职人员，花生研究所青年博士王通主动请缨，来到郓城乡村振兴主战场。他先后协助郓城县先锋种植专业合作社引进花育25、花育36、花育9515等花生新品种以及甜花生、黑花生等特色花生品种，并带来了配套的高产高效栽培新技术。新品种与当地常年种植的海花品种相比，出苗全、长势好，还有新的栽培技术加持，当年产量就实现了翻番。合作社负责人赵爱峰心里乐开了花，"没想到花生一亩地能收500多千克。多亏花生研究所的好品种，再加上今年花生价格高，每亩卖了4 000多元钱，以前种花生收入从来没有这么高。"他兴奋地说。

2022年8月26日，郓城指挥部联合花生研究所、菏泽市农业科学院、郓城县农业农村局，依托花生产业技术体系，针对制约郓城花生产业发展中存在的难点、痛点问题开展了系列技术培训，把花生新品种、新技术送到田间地头，把农技知识送到农民手中，真正打通了花生科技进村入户的"最后一公里"。

"我们所按照院党委的部署安排，努力将全所的新品种、新技术、新装备，以及人才团队等优势资源集聚到郓城花生产业中，通过科技引领带动郓城花生产业高质量发展。"花生研究所所长张建成说。

2022年9月，脱产挂职结束后，王通申请接续挂职郓城县先锋种植专业合作社科技副总，花生研究所食品工程创新团队青年博士宋昱也主动请缨，脱产挂职陈坡乡第一乡长，继续为花生产业高质量发展贡献力量。

2023年元旦刚过，陈坡乡党委政府便与花生研究所签署合作意向书，通过引进花生研究所育种、栽培、加工等领域专家，大力发展优质花生种植、绿色高产创建及精深加工技术与产品研发等，整合创新资源，有效支撑花生产业技术创新能力与成果转化。

各类花生休闲食品深加工技术和企业缺乏，也是制约郓城花生产业发展的关键因素。宋昱根据合作社实际情况，结合自身专业特长，以打造"郓城红花生"名特优新农产品品牌为目标，积极对接花生蛋白粉、拉丝蛋白、脱红衣花生油等产品加工企业，建立标准化、机械化、优质化专用原料基地。他还为合作社引进花生加工和副产物综合利用技术，以进一步提高花生精深加工水平和产品附加值，为推进花生产业高质量发展提供科技支撑。

科技精准发力　小黄瓜延伸大链条

2021年9月1日，是山东省农业科学院基地管理中心刘振林挂职郓城县侯咽集镇第一镇长的第一天。他听说，镇农村经济管理站站长李凡建是镇上的"老人"，对镇上的农业情况非常了解，就主动前去拜访。抵达时，正巧李凡建要出门。听到对方来意，李凡建热情地说："刘镇长，我正好要去咱镇上最大的设施蔬菜合作社，咱们一起过去，路上我顺便跟你说说合作社的情况。"

路上，李凡建详细介绍了八里湾村的金凤凰——郓城县富民蔬菜专业种植合作社。八里湾村位于郓城县侯咽集镇西北部，村域总面积2平方千米，耕地面积4 002亩，蔬菜大棚1 500亩，日光温室16座，占地30亩，小拱棚和露地菜450亩，建有蔬菜交易市场一处，占地面积3亩。现在八里湾蔬菜基地已获得无公害蔬菜基地认证，八里湾村先后获得菏泽市"一村一品"十大明星村和山东省"一村一品"省级示范村称号。

该合作社由八里湾村党支部领办，于2007年1月30日登记注册成立。它是一个集蔬菜生产、加工、销售和农资供应、技术指导、生产试验等于一体的新型农业经济合作组织，先后获得菏泽市"十大明星"合作社以及"市级示范"合作社、"省级示范"合作社、"国家级示范"合作社等称号。

小黄瓜延伸大链条

从镇上到八里湾村只有十几分钟的车程，快到目的地时，放眼望去，全是发着光的大棚。刘振林惊呆了，没想到作为一个传统农业大镇，侯咽集镇还藏着这么一个设施蔬菜王国。下车后，合作社的技术员谭月建迎了上来："欢迎来到我们合作社，我先带您参观一下。我们这里种植的蔬菜主要是黄瓜，年产量可达1.5万～2.0万吨，另外还有番茄、葡萄、甜瓜等。"

返回驻地，刘振林一直在思考跟谭月建聊天时涉及几个问题：农村种地留不住人，青壮年流失，人口老龄化严重，将来谁来种地？设施蔬菜种植一直是一个费工费力的产业，随着人工成本的加大，种植蔬菜的收益也越来越低，如何提高经济效益？轻简化栽培管理势在必行。

想到这里，他马上联系同为挂职第一镇长的蔬菜研究所黄瓜育种专家李利斌副研究员，两人经过一番商量，决定先从黄瓜品种入手。他们多次调研后为合作社引进了中抗霜霉病的黄瓜新品种，该品种瓜条品相好、产量高，特别适合鲁西南地区设施棚内种植。

刘振林先后邀请蔬菜专家来八里湾村开展栽培种植技术培训 30 余场，培训 400 人次，扶持培养了一批年轻的种植户和技术骨干，促进了新技术、新品种、新模式的推广应用。他还引进熊蜂授粉、以虫治虫、生物制剂防治等果蔬轻简化栽培技术 5 项，引进番茄、黄瓜、白菜、葡萄等新品种 14 个，进一步优化了品种结构。开展种苗嫁接技术培训 2 次，种苗繁育规模不断扩展。同时还协助规划建设了 100 吨保鲜库三座，500 米² 分拣包装车间一座，极大地提高了葡萄、蔬菜初加工附加值。开发了市场批发、农超对接、线上销售、直播带货等多种销售渠道，增加了种植收入。

刘振林和同事一起，从全产业链出发，进行强链、延链、补链，打造了"合作社＋党支部＋专家"合作模式。

阳光玫瑰光耀"富民"

郓城县富民蔬菜专业合作社除了种植蔬菜，还种植了阳光玫瑰葡萄 50 亩。2020 年，葡萄产量只有 500 千克/亩。大家找不到低产的原因，又提高不了收益，无奈之下，便在葡萄树中间种上了甜瓜等经济作物，这反而使葡萄树势变得更差。

刘振林了解到这种情况后，马上邀请山东省葡萄研究院农艺师陈迎春，前来指导阳光玫瑰葡萄栽培技术。在葡萄园里，陈迎春向合作社成员详细介绍了阳光玫瑰葡萄的栽培要点和管理方法，分享了自己的管理经验。合作社成员们听得津津有味，表示要学习并应用这些技术。

经过一年的努力，合作社种植的阳光玫瑰葡萄产量有了显著提高。2022年，亩产量增加到了 1 400 千克，翻了一倍多，收入有了极大提升。看到一穗穗沉甸甸的果实，合作社成员们心情愉悦。据预测，今年亩产有望达到 1 500千克。

现在的合作社成员们可是大变样了，他们除了平时从事农事工作，还积极参与技术培训和合作研究，与专家团队一起探讨种植技术、病虫害防治、品种选择等问题，并进行实地考察和示范种植。

随着阳光玫瑰葡萄种植的成功，八里湾村的村民们逐渐树立了创新意识和市场意识，开始关注市场需求，积极参与市场营销，寻找更广阔的销售渠道。

八里湾村果蔬等设施栽培规模逐年扩大，现有从事设施蔬菜产业的农户占全村 46％以上。全村连续三年人均可支配收入增长 15％以上，2022 年达到人均 31 498 元，村民们的生活越来越好。

新品种落地开花　百蔬园生机勃发

"多亏山东省农业科学院蔬菜研究所的专家带来新品种和新技术，现在我对合作社的发展更有信心了。"2023 年夏天，郓城县百蔬园果蔬种植专业合作社负责人刘强感慨道。

刘强是土生土长的郓城人，早在 2013 年，他与几个合伙人创立了北京昊农高新技术服务有限公司。公司有非常成熟的运营模式，主要服务国内大型蔬菜种植基地，以生产绿色无公害蔬菜为主要发展方向，几年的时间公司经营得红红火火。

2015 年 12 月，在郓城县有关部门的大力支持下，刘强毅然决然地返回家乡创业。返乡后，他在郓城县张营街道仲楼村、魏垓村、殷垓村、大人村流转土地近 2 000 亩，发起成立了郓城县百蔬园果蔬种植专业合作社，总投资 5 000 多万元，采用"公司＋合作社＋基地＋贫困户"的运营模式，带领周边村民大力发展绿色蔬菜种植，实行规范化生产、标准化种植、产业化发展。

经过数年的发展，目前合作社每年可向市场供应绿色蔬菜 1.5 万吨，年产值 3 000 多万元，成为山东省规模较大的绿色蔬菜生产基地。但是，近年来随着全国蔬菜市场的不断变化，合作社的发展进入瓶颈期，市场竞争加剧，市场需求升级；从业人员年龄偏大，种植技术升级困难。这些因素严重制约了合作社的发展，导致合作社一直在粗放型生产中徘徊。

对此，刘强看在眼里，急在心里。他尝试了多种方法，种植西葫芦、菜花等蔬菜，丰富蔬菜供应品类，同时邀请省内外专家来进行培训指导，尝试推广滴灌、水肥一体化等技术，但是由于缺乏规划和技术指导，收效甚微。那个时候，每每谈起合作社的发展前景，刘强都是一筹莫展。

郓城指挥部了解到这一情况后，组织蔬菜专家深入合作社了解发展需求，主动帮其渡过难关。2021 年底，蔬菜研究所与合作社达成了合作帮扶意向。

2022 年 4 月，蔬菜研究所精选的番茄、西瓜、甜瓜、黄瓜等设施蔬菜新品种落户到百蔬园的大棚里，刘强也信心满满，准备大干一场。7 月，第一批产品上市，情况却没有想象的那么好。郓城土壤偏盐碱，种出来的产品风味品质好，但是产品的商品性就有点差，部分小番茄得了基腐病，瓜类大小不一，商品率整体偏低。

蔬菜研究所首席专家孙日飞得知这一情况后，组立即织科研骨干力量到合作社调查，发现是高温、盐碱等生长环境导致的，但是更主要的是管理技术跟不上，农户们还停留在大田式的粗放管理阶段，导致好品种种不出高收益。在之后的一段时间里，如何解决合作社的难题成了孙日飞经常思考的事情。

8月，与郓城指挥部深入沟通后，孙日飞会同所领导班子决定：将郓城县百蔬园果蔬种植专业合作社列为"所长样板工程——蔬菜现代农业科技助力打造乡村振兴示范样板"的实施主体，明确由吕宏君博士脱产挂职"所长样板工程"执行专家，就合作社面临的问题提出解决方案。9月14日，吕宏君到合作社报到开展工作。

没有调查研究，就没有发言权。吕宏君到园区后与一线农户同吃同住，经常到田间地头，了解种植过程中遇到的困难与问题，并虚心学习农户在种植工程中摸索出的经验做法。此外，他跟合作社管理人员和技术员经常交流，询问合作社在管理中面临的困难和技术需求。然后，带着需求和问题，返回所里与相关专家进行专题研讨，有针对性地向合作社提供品种和技术上的支持与帮助。

经过近两个月的调查和论证，郓城指挥部和蔬菜研究所决定，在合作社建设新品种、新技术、新装备、新模式的现代农业示范基地，并为合作社发展制定了中长期发展目标。根据合作社实际种植情况，先后为合作社引进蔬菜研究所选育的新品种18个，包括高品质番茄4个、黄瓜3个、小果型西瓜2个、甜瓜5个、辣椒3个、长茄1个。

12月，18个新品种陆续到位，陆续完成播种。刘强开心地笑了，悬在心里的石头终于落地，对新一季的收获充满希望。

1个月后，新的问题出现了。农历新年前后，北方地区遭遇了连续多轮强降温天气，连续多日最低气温在−10℃左右，再加上合作社温室保温性能不好，导致育苗温室温度严重低于瓜类蔬菜育苗要求。最终黄瓜成苗率不足50%，西甜瓜成苗率不足30%，种苗数量少，已经无法满足种植需求。吕宏君马上与蔬菜专家商讨补救办法，最后决定重新育苗。

又是一轮紧张的筹措种子、发苗、育苗。"每一季都是提前做好规划，包括品种和数量都是确定的，特别是一些好的品种都是按粒来准备每一年的示范试验。为了保证百蔬园的品种示范顺利进行，蔬菜团队的专家都是从自己的项目里匀出种子。"吕宏君说道，"田间种植不比实验室，错过合适的季节就要再等一季，这对合作社来说是难以承受的损失。"一个多月后，所有蔬菜品种都种到了地里，吕宏君和刘强又投入紧张的田间管理工作中去。

5月11日，山东省农业科学院郓城乡村振兴研究院揭牌，作为打造乡村振兴科技引领型齐鲁样板示范点之一的百蔬园，接受了山东省农业科学院和郓城县领导的检阅并受到表扬。5月12日，郓城"双百行动"现场观摩会也将百蔬园作为观摩点，人们现场品尝了合作社种植的番茄、甜瓜等新品种。当场就有相关企业代表表达了要跟合作社合作的意愿，这些新品种一下子马上就成了市场上的抢手货。

人才是企业的核心竞争力和发展的驱动力。针对合作社种植农户年龄偏大、文化水平不高问题，蔬菜研究所组织专家100余人次赴合作社田间地头进行技术指导，手把手传授技术。此外，还通过"农科好郓"乡村夜校、舜耕科技服务等多种形式进行人才培养，线上培训8.49万人次，线下培训60人次，不仅为合作社储备了人才，种植户的技术管理水平也得到了提高。合作社积极发挥带头作用，带动周边群众发展种植业，初步形成了绿色农业种植带。

在技术推广方面，吕宏君还针对合作社的种植水平和发展需求，为其量身打造了水肥一体化、熊蜂授粉、以虫治虫等一系列的轻简化技术，打造了环境友好型农业生产新模式，为合作社高质量发展插上了科技的翅膀。

在新品种示范过程中，有一件事令吕宏君印象深刻。百蔬园长出的有一种大果番茄的口感非常好，但是果子畸形严重，导致果实的商品率不高，卖不出去。吕宏君就跟合作社的技术员及蔬菜专家交流寻找原因，分析后发现，在郓城出现这个问题，主要是设施保温性不好，又赶上上一季冬天连续几次降温，特别是棚内夜间温度长时间保持在0~5℃，远低于花芽分化的最适温度15~17℃，导致心皮不能均衡发育，子房性状异常，最终发育成畸形果。这件事情对吕宏君触动很大，"我们来到郓城，不单单是带来好的品种，还要搭配好的种植技术，才能种出好的产品来。"通过这件事他认识到，改变固有的种植模式，良种配良法，才是今后农业的发展方向。

在蔬菜研究所专家的帮助下，合作社面貌焕然一新，拥有多个自主蔬菜品牌，初步形成了品牌效应。接下来，合作社将继续与蔬菜研究所合作，打造新品种、新技术、新模式、新装备集聚的现代化农业园区。

读"蔬"寻"果" 不同"番"响

走进郓城县张营街道后彭庄村农业示范园区，两个现代化大棚格外显眼，沿着大棚方向往里走，一个个番茄种植棚映入眼帘。这里就是郓城县梦真蔬菜种植专业合作社了。此时正值樱桃番茄采摘旺季，合作社负责人彭汉收和工人们正忙着采收、装箱，一派忙碌景象。

合作社占地 1 786 亩，先后于 2015 年、2016 年、2017 年、2019 年分四期建设，目前拥有 108 座冬暖式大棚。大棚初建之时，以种植樱桃番茄为主，由于种植品种杂，种植经验不足，合作社入不敷出。针对这一情况，彭汉收主动向山东省农业科学院果树研究所专家寻求帮助。在专家的指导和帮扶下，合作社重新规划优选种植品种，蔬菜和水果种植结构方面发生了显著变化，经济收益得到了提高。

樱桃番茄又称圣女果，是一种球形小番茄，口感酸甜可口，营养丰富。因其外观美观、口感独特，深受消费者青睐，市场需求量逐年增加。

如何选择既适宜当地土壤条件，又可满足市场需求的优良品种，是成功种植樱桃番茄的关键。在了解了合作社的情况后，果树专家深入合作社大棚，对土壤和种植环境进行检测，协调蔬菜专家筛选出适宜当地盐碱地种植、保鲜期较长、口感较好的樱桃番茄品种。帮助合作社引进了先进的温室种植技术，利用温室恒温、恒湿的小环境，为樱桃番茄提供了适宜的生长条件。指导合作社科学用药，坚持喷洒生物农药、施用有机肥料，以确保产品的安全和品质，减少对环境的污染。

"糖度高，果形好，皮又薄，特别好吃。"在合作社的大棚内，前来观光的游客对釜山 88 小番茄赞不绝口。釜山 88 是合作社当前的主栽品种，采摘时间长，果皮薄脆、肉质紧实，一口咬开，犹如脆珠一样"炸"出红艳艳的果汁，整个口腔会立刻被鲜甜甘润的果汁填满。

彭汉收说："合作社为樱桃番茄注册了郓番、郓小番、恋人城堡等商标，与北京、上海的一些大型超市和电商平台签订了供货合同，价格比普通樱桃番茄高出三倍多。在樱桃番茄盛果期，合作社一天的发货量达到 15 吨，但仍无法满足客户需求。"

对于科技帮扶的意义，果树研究所副所长张勇认为："科技的应用可以帮助合作社提高种植效率，降低生产成本，改善当地农民的生活质量。通过注入科技要素，合作社种植的果蔬品种可以更好地适应市场需求，向消费者提供更优质的农产品。"

彭汉收说："除了种植樱桃番茄，我们也在进行新的探索。"

为了增加种植多样性，合作社开始在新搭建的现代化大棚里探索种植草莓，没想到的是，草莓的存活率很低。专家们一调查，发现了症结，草莓耐盐碱性差，而郓城的地下水盐碱性大，不适宜草莓种植。

暂时的挫折没有阻挡合作社探索的脚步，他们马上派人向果树专家请教。结合当地实际条件，专家们帮着合作社挑选了梨、葡萄和无花果等适宜栽种的品种。这些品种，最大的特点就是耐盐碱，适合在当地生长，还可以满足当前市场消费需求。在栽种这些果树时，张勇从选苗、栽种、浇水、施肥等各个细节都进行了技术指导。种植后，他每月至少一次定期前往种植现场，观察果树的生长状况和调查可能存在的病虫害，并及时提出预防措施，保证果树健康生长。

此外，张勇还多次邀请梨、葡萄和无花果的专家，到合作社给种植户授课。目前合作社的葡萄、无花果和梨园已具雏形，无花果已经顺利结果。

在山东省农业科学院专家的指导下，合作社陆续引进新的品种，配套新的技术，经济效益不断提高。合作社年总收入达 500 万元以上，后期随着梨、葡萄、无花果等水果成熟上市，收益还会继续增加。

彭汉收表示，在山东省农业科学院的帮扶下，合作社还将不断扩大种植规模，丰富农产品种类，构建集宣传、种植、包装、销售等于一体的服务体系，探索以特色蔬菜、果树种植为主的特色经济产业链条，带动更多的群众走上共同富裕的道路。

"让农业成为有奔头的产业，让农民成为有吸引力的职业。"这幅挂在彭汉收办公室的标语，正在一步步变为现实。

打造利益共同体　壮大中草药产业

一垄垄白芍开着鲜艳的小花，点缀在金黄的麦田中，十分显眼。郓城刁庄土地股份专业合作社示范的这种"白芍—小麦/玉米"宽垄间作种植，是山东省中草药产业技术体系首席专家、山东省农业科学院经济作物研究所王志芬团队精心打造的一种新模式。

2020年，刁庄村党支部领办了郓城刁庄土地股份专业合作社，希望通过合作社的发展提高村集体经济，带动村民一起发家致富。一开始，刁庄村党支部书记兼合作社负责人刁兆新，和村两委班子成员经过一番比较、商量，选择了管理技术简单好学、便于掌握的半夏。

第一次种植半夏没有什么经验，他们只能通过书籍、向有经验的老种植户学习，摸着石头过河。结果半夏长势一般，产量、品质也不高。2021年收获季，很难找到合适的收获机械，只好雇村民一株株地采挖，费工又费时。好不容易找来的收购商一看，采收的半夏大小不一、品质不高，给出的价格比市场价低了许多。刁兆新等人也很无奈，只得低价出售，当年种植收益刚够成本。

面对这种情况，作为党支部书记的刁兆新没有退缩，萌发了学习中草药栽培管理新技术的想法。2021年8月，山东省农业科学院第二批脱产挂职人员何腾飞来到黄泥冈镇挂职第一镇长，通过何腾飞牵头联系，合作社找到了王志芬研究员。

王志芬带领团队来刁庄村深入了解村情和技术需求，根据合作社土地情况和市场需求推荐种植防风。听从专家建议，在王志芬团队的技术指导下，防风长势良好，获得丰收，尝到甜头的刁兆新信心倍增。

2022年8月，王志芬主动报名，非脱产挂职刁庄村第一村主任，经济作物研究所派出中草药专家汝医挂职所长样板工程执行专家、基地管理人员徐士振脱产挂职黄泥冈镇第一镇长，共同助推当地中草药产业的发展。

经济作物研究所把刁庄村作为乡村振兴科技引领型齐鲁样板打造的重点，把"所长样板工程——道地中药材特色产业"落户合作社，计划利用合作社20亩土地，建设示范基地，展示新技术，同时确保村集体收入达到5万～7万元。

王志芬团队研发的芍药间作小麦玉米技术，首先在刁庄村示范。"白芍—

小麦/玉米宽垄间作"模式是以白芍起高垄种植，小麦/玉米垄间平作种植。白芍行垄宽 1.5 米，垄高 40 厘米，种植 3 行白芍；小麦/玉米行宽 1.5 米，种植 7 行小麦或 3 行玉米。该技术在确保粮食基本不减产的情况下，实现了中草药和粮食双促进、双丰收。

针对机械收获存在的难题，11 月，王志芬带领汝医、周云等赶赴刁庄村防风种植基地，就防风采挖收获的农机具配套技术与方法进行现场指导。他们与徐士振、刁兆新及村两委班子成员、合作社代表座谈，详细介绍了开展粮药群落生态种植技术流程、要求及示范目标，商定了土地耕作、生物有机基质、种子种苗、农机农具等配套事宜。王志芬表示，经济作物研究所中草药创新团队提供药材种苗、肥料和农业机械等农用物资。一个月后，在汝医、徐士振等专家的协调和指导下，完成了 60 吨有机肥撒施，50 000 株白芍定植和小麦播种。

2023 年，王志芬继续加强技术支持，在合作社建立所长样板工程示范基地、山东省中草药产业体系粮药模式示范基地和中草药产业链首席专家工作室。

经济作物研究所所长赵海军高度重视"所长样板工程"实施进展和合作社的发展，要求举全所之力，充分整合项目、技术、人才等科技资源，把所长样板工程实施好，提升产业链价值。

王志芬团队积极联系当地相关中草药加工企业，与合作社签订合作协议，打造利益共同体，保证中草药种植收益，此举大大激发了合作社成员们的种植热情。

刁兆新表示，有经作专家的技术支持，又有企业的收购价格托底，合作社成员打算扩大示范田面积。

目前，打造道地中草药产业样板的雏形已经形成，那就是：专家、企业与合作社携手，结成利益共同体，以道地中药材特色品种为突破，研发新产品，示范新技术，提升农产品加工率，增加村集体和农民收入。

金色麦田里　神奇的态控草

一架无人机在距离地面约 30 米的空中盘旋飞翔，镜头下的视野是一大片金黄色的麦浪随风而动，其间镶嵌着一条又一条圣洁的白绿色条带。随着无人机高度的降低，视野中出现的是一大群人站在黄色和白绿色的交界处，神情专注地看着一位身穿蓝色上衣并且带着金框眼镜的先生在给大家介绍着什么。

这是 2023 年 5 月 17 日，在郓城县丁里长镇侣亥村的麦田里，山东省农业科学院植物保护研究所领军人才、生态调控创新团队的首席专家戈峰研究员带领他的团队，在举办小麦—蛇床（又称态控草）生态调控技术培训会。

当天，菏泽市农业农村局、郓城县农业农村局负责人及郓城粮好农业服务有限公司（以下简称粮好公司）经理于东进来了，诸多种植大户以及丁里长镇的村民也闻讯而来，跟戈峰——这位生态调控专家一起，现场感受态控草的神奇之处。

戈峰站在态控草和小麦中间，用手指着白色花朵上飞舞的小虫子介绍道："这些在态控草花朵上方飞翔，长得像蜜蜂似的小虫子叫食蚜蝇。它被态控草吸引过来，然后飞到小麦上产卵。这些卵孵化出来变成幼虫，可以充当生物武器，去消灭小麦上的害虫——麦蚜。这一种通体绿色、翅膀很长的虫子叫草蛉，它也能被态控草吸引过来，并且在态控草上繁殖，随后飞到小麦上繁殖和控害。"

戈峰指着另外几朵花上的昆虫，继续说道："这些体型较大并且斑纹较多、体型较小的黑的或者黄的硬壳小昆虫是瓢虫，它们都是农业生产的好帮手。"

"利用化学农药就可以直接杀死这些害虫，省心又省力。为什么还要用这项技术呢？"现场，一名村民提出自己的看法。

戈峰回答："众所周知，近年来化学杀虫剂的不合理使用，引起了一系列的环境污染、农产品杀虫剂残留量超标问题，同时还伴随着生物多样性减弱和农田生态系统遭到破坏等严重问题。咱们郓城地处黄河下游，近年来，随着农田集约化和全球气候变暖，小麦蚜虫呈现发生面积扩大、危害加重的趋势，造成了巨大的经济损失，利用生态调控技术来实现害虫的绿色调控是一条新的出路。"

"那这项技术能给我们带来什么好处呢？在地里种草占用了一部分土地，

小麦播种面积和总产量不就减少了吗？"另外一名村民质疑。

"种这种草的效果能比得过杀虫剂的效果吗？"第三个声音附和。

于东进回答："对这个问题，我有一定的发言权。大家看到，这块地是我们公司托管给大户的地，总面积接近 400 亩。从 2021 年开始一直到 2023 年，我们跟山东省农业科学院开展合作，并且一直在应用戈峰团队的这项生态调控技术。在这个小麦季，我们减少了 2～3 次化学杀虫剂的使用，减少杀虫剂费用每亩 20～30 元，实测小麦增产 20～25 千克/亩。加上山东省农业科学院订单收购，对这样的生态小麦支付 10% 的溢价，预计增收 200 元/亩。另外，蛇床也能产生经济效益，以年产 150～200 千克/亩蛇床种子、每千克蛇床种子 16 元的价格计算，每亩产生的收益为 2 400～3 200 元。在这种模式下，可增加麦田额外的蛇床种子收入 80～100 元。即整个小麦季，种植户每亩将增收 300 多元。"

"至于防治效果，还得请戈峰老师给大家讲一下。"于东进哈哈大笑。

"简单举个例子吧，我们将态控草按 1∶30 的比例匹配种植在小麦—玉米轮作系统中，统计数据显示，能增加小麦季天敌瓢虫的比例高达 127%，显著降低麦蚜的比率高达 65%，最终我们减少了化学杀虫剂使用量高达 50%。"戈峰给大家讲解。

"这说明，这项技术对于我们来说应用价值很大啊。那么，为什么选择在郯城而不是别的地方推广这项技术呢？"有人问道。

"这个小麦—态控草生态调控项目由山东省农业科学院牵头，结合郯城县农业稳产高产与绿色发展目标需求，在丁里长街道倮亥村落地。在 2021—2023 年间，我们团队连续选派两位博士来到郯城，开展田间研究及技术示范推广，前期主要是李琴珵博士负责，后期是梁潇以博士负责。可见我们对于这项技术的落地下了很多功夫，也投入了大量的科研人力资源。"戈峰说道。

农田景观的生态设计、功能植物态控草的种植和生物农药使用是这项技术的核心要点。通过设计小麦态控草的间作模式，可以增加农田生态系统的生物多样性，打造田间天敌的"加工厂""储存间"，将涵养的瓢虫、草蛉、食蚜蝇、小花蝽和寄生蜂等天敌转移到麦田中去控制小麦蚜虫，其间不使用化学杀虫剂，利于生产出健康、安全的小麦。小麦收获后，态控草作为天敌昆虫的"中继站"，促进天敌昆虫提前迁入夏玉米田中进行繁殖及害虫控制，以达到减少化学杀虫剂使用的目的。

生态调控创新团队负责人李卓博士介绍，"态控草的种植需要讲究科学方法，尤其需要符合态控草的生物学特性，因此，时间的把握和管理措施都很重要。在每年的 8 月底至 9 月初，每间隔 30 米播种 1 米态控草（3 行，行距 30 厘米，每亩播种量 2.5 千克），提前构建蛇床非作物生境带，以吸引及涵养捕食性或寄生性天敌，增加农田生态系统中天敌的丰富度和食物网的稳定性。播种后，覆盖薄土并且轻微踩实，随后浇透水。在出苗之前尽量保证水分充足和土壤湿润。"

"这个种子长得跟胡萝卜种子有点像，那它的种植和管理是不是也差不多呢？"一位穿着灰色衬衫的村民提问。

"两者确实有相似的地方，因此蛇床也叫野胡萝卜。播种的时候，蛇床的种子也需要拌一点土，再撒播到地里。但是，蛇床还有其他价值。它是一种中草药，能消炎杀菌，从其种子和植株中还能提取一种化学物质——蛇床子素，可用来制作生物农药。"戈峰说。

蛇床在每年 5～7 月开花，其花状似一朵朵白色醒目的小伞，非常漂亮，构成了田野中的一道靓丽风景线。

"那蛇床怎么收获呢？管理起来麻烦吗？"提问的人络绎不绝。

李卓回应道，"可以采用人工收割，随后晒干碾压脱粒的方式。我们现在正在研发和改装机器，争取一次性采收种子。关于蛇床的水肥管理，和小麦保持一致就可以。"

"两年来，我们累计投入经费 20 万元，应用面积 1 000 余亩次。与此同时，我们对接上下游农产品和生物农药公司，打造生态农产品，以提升农产品价值和蛇床子的药用价值，为农户带来实打实的经济效益，打造出了'生产生态化—生态产业化—产业标准化'的新型农业生产模式。"戈峰表示。

这项技术得到郓城诸多种粮大户的认可，正如农民张修运所说"虽然乍一看田间多出了这些草，可算下来我们每亩能增加收入 300 多块。"他表示，下一年他的基地全部使用这项技术。

"我们今后将以郓城为示范样板，将这项生态调控技术应用推广到山东乃至全国。我们有信心使这项技术成为一个典范，真正地减少杀虫剂的使用，使其充当第一个保护屏障，保障我们的食品安全。"戈峰对这种神奇的"药草"充满信心。

创新加持　养猪业提档升级

"走，走，走！"2020年11月13日下午，初冬的阳光温和地照耀着大地，郓城县共创养殖专业合作社理事长仝伯玉身着工装，正和工人们一起赶着断奶的猪仔转群。一只只猪仔跳着、闹着，鱼贯进入保育猪舍。

这家合作社位于郓城县程屯镇仝庄村，现有两个猪场。村东南的老场占地20亩，存栏母猪260多头，保育猪1 600多头；村西的新场占地50亩，专门用来育肥，存栏量1 300多头。

仝伯玉从1999年开始养猪。那时，全村300多户几乎家家养猪，平均下来一户能养二三十头。随着规模化养殖的推进，到2010年前后，全村只剩下10多户养猪。受重大疫病影响，生猪行情的跌宕起伏，不断冲击着养猪人的心脏和承受能力，现在，村里只剩下他和另外一户养猪，那户也不再自繁自养，而是根据行情决定是否进行短期育肥，存栏量300多头。预防重大疫病发生成为仝伯玉猪场最大的挑战，也是影响猪场经济效益的关键核心问题。

2021年9月，为推动郓城畜禽产业链发展，山东省农业科学院畜牧兽医研究所生猪疫病团队专家李均同作为第二批脱产挂职人员来到程屯镇。他与仝伯玉建立联系，立志帮助郓城县共创养殖专业合作社走科技发展之路。挂职期间，他先后在合作社建立了"山东省农业科学院产业链链长工作室"和"山东省农业科学科院畜牧兽医研究所博士工作站"。为了给猪场建立起综合防疫技术体系，加快疫病诊断速度，畜牧兽医所猪病专家和养猪专家们开展了一系列有针对性的技术帮扶活动。

2022年6月29日，生猪疫病防控团队于江、李均同等一行五人来到郓城县，联合郓城县畜牧服务中心及山东郓城华宝食品有限公司、郓城县共创养殖专业合作社，召开技术交流会议。大家畅所欲言，就如何为生猪养殖企业解决实际问题，促进郓城县畜牧业健康、持续、高质量发展，出谋划策。

会上，畜牧兽医研究所向郓城县疾病防控中心、郓城县共创养殖合作社等企业捐赠了价值3万余元的防疫物资。专家们还前往山东郓城华宝食品公司实地考察，针对当前养猪场出现的问题进行技术交流。专家们提出了切实可行的建议，双方表示，下一步要紧密合作，为郓城县畜牧业发展贡献力量。

2022年9月，李均同挂职结束后，由畜牧兽医研究所刘昭华博士接替，持续为郓城县共创养殖专业合作社提供技术服务。在新冠疫情期间，刘昭华多次联系仝伯玉，了解猪场生产状况和技术需求，先后三次为企业赠送防疫物资。

2022年11月9日、10日，挂职结束后的李均同再次赴郓城县程屯镇与养殖企业进行对接服务，到郓城共创合作社进行调研，详细了解企业养殖生产现状以及技术需求，对生猪的饲养管理、适时出栏等方面进行技术指导。

2023年3月27～28日，畜牧产业链成员、畜禽重大疫病防控创新团队成员杜以军、李均同、刘畅三位专家前往郓城县共创养殖专业合作社，开展"送科技进村入户（入企）"科技服务活动。专家们跟仝伯玉就目前流行的猪重大疫病进行深入交流，对该种猪场目前亟待解决的问题提出了建议，采集了猪场环境样本带回实验室进行诊断。同时，专家们了解养猪生产对科技的迫切需求，详细介绍了团队的科研成果，期待科技成果有效转化到生产中去，真正打通科技进村入户（入企）通道，解决养殖场（户）在实际生产中存在的堵点和痛点。

2023年5月11日，畜牧兽医研究所生猪养殖专家王诚、蔺海朝，疫病防控专家杜以军、李均同再次来到仝伯玉的猪场进行调研和技术指导。在详细了解了当前猪场的存栏情况、市场行情及销售情况后，专家们分别在饲料营养、环境控制、疫病防控等方面提出技术建议，并为养殖场赠送消毒防疫物资。

三年多来，在畜牧兽医研究所多位专家的协助下，郓城县共创养殖专业合作社的猪场养殖科技含量逐步提高。在猪场的环境管理上，猪舍的环境条件逐渐改善，猪群的抵抗力逐渐提升；生产流程管理上，提高了批次化管理能力，逐渐实现"全进全出"的管理模式；在生物安全防疫上，综合防控意识逐渐增强，疫病快速诊断能力逐渐提升，当疫情发生时能够尽可能减小损失。目前合作社已走出困境，步入正轨，取得了较好的经济效益和社会效益。

农机社会化服务万亩粮田　耕种管收包圆儿

金秋时节，郓城县丁里长街道张武屯村的田地里，一台台收割机正在玉米地里来回穿梭，一派丰收景象。已经收割完的田地上，大马力拖拉机，挂载着大型灭茬机和旋耕机正在紧张作业，机器所过之处，田地变得平整、松软，为接下来的小麦播种做好了准备。

这些繁忙的机器都来自郓城县张尔略农机专业合作社。合作社现在共有拖拉机、秸秆粉碎还田机、自走式穗茎兼收玉米收获机、玉米深松施肥精播机、免耕施肥播种机、旋耕机和田园管理机等近30台，基本涵盖了农作物的耕种管收各个流程的农业机械。

张武屯村党支部书记张维蛟正站在地头，指挥农机手，给他们分派作业地块和作业任务。虽然天气炎热，汗珠不断往下流，但挡不住人们丰收的喜悦，挡不住人们对美好生活的向往。

三年前的张武屯村和现有天壤之别，农业生产还是小农模式，没有大型机械，作业劳动强度高，作业效率低，生产效率也很低，村民们劳动强度大，但收入并不高。张维蛟说，张武屯村能发展到今天，得益于张武屯村成为山东省农业机械科学研究院党委书记郭洪恩的帮包村。

2021年6月，郭洪恩带领团队来到张武屯村，经过调研发现，村里的农机多为村民自发购买，存在机型单一、马力较小、年限较长、维保缺失、配套种类少、技术含量低等诸多问题。农机作业不仅苦、脏、累，收入还不高；村里很多年轻人都外出打工，不愿意在村里从事农机作业；农机手普遍年龄偏大，文化水平较低，专业知识缺乏，作业水平较低。

郭洪恩建议，村里成立合作社，由农业机械科学研究院对合作社进行技术帮扶并投入农机和农机具。双方共同组建作业团队，以合作社作为经营主体，承接农田作业任务，解决当前面临的问题。这一建议得到村两委的积极响应。

在农业机械科学研究院和村两委的快速推进下，不到两个月的时间，张尔略农机专业合作社成立了。村民们踊跃报名加入合作社，第一批入社的就有20余人。其中有些村民带着自家的农机和农机具入社。按照规定，农机和农机具折合成股份，不长时间内合作社就拥有了30余台套农机及农机具。农业机械科学研究院依托自身行业和技术优势，派出专家对入社的社员们进行农机操作及维修保养专业培训，丰富了他们的农机专业知识，提高了农机作业质量。

万事俱备，接下来就是承接农田作业任务了。出乎意料，此时遭遇窘境。合作社社员多、农机多，而周边村可作业地块较少，于是出现了农机闲置，社员无活可干的尴尬局面。

土地流转是近些年国家大力倡导的一种土地管理方式，郓城的土地流转走在了前列。山东粮好服务有限公司（简称粮好公司）作为一家土地流转企业在丁里长街道及其他乡镇流转了大量土地，其中张尔略农机专业合作社所在的张武屯村也有上千亩土地被流转。

针对现状，郭洪恩与团队成员、挂职张尔略农机专业合作社科技副总的贺晓东、杨化伟等人商讨对策。他们比较山东粮好服务有限公司、张尔略农机专业合作社、农业机械科学研究院的优势劣势，最后确定将粮好公司作为股东引入合作社。经过与粮好公司协商，最终达成合作协议，三方共同运营合作社，粮好公司把自有农机具作价入股合作社，并投资购买新设备。一种现代化合作社运营新模式——"村集体＋社会企业投资＋科技人员技术入股"问世，村集体负责土地作业、粮好公司负责资金运营、农业机械科学研究院负责技术培训。三方分工明确、各司其职、相互配合、利益共享，有力推动了合作社的发展。

粮好公司拥有大约40万亩流转土地，每年农机社会化服务的需求量非常大。合作社集中化、规模化、标准化作业，仅灭茬、旋耕、收获环节，每亩耕地可为农户节约30元成本，同时提高作业效率50％，增加农作物产量5％。

2022年，合作社就完成农业机械社会化服务10 000余亩，实现增收50万元，相关工作人员人均增收1万元；参与的农民人均增收1 500元，村集体收入也有了增加。

事实证明，科学的集约化管理，不但节约了农业装备使用成本，也提高了农作物的产量，增加了村集体与农民的收入，取得了较好的经济效益。

由于张尔略农机专业合作社的业绩贡献，被山东省农业农村厅评为省级农机示范合作社。

张维蛟表示，张武屯村今后将继续立足农业科技社会化服务模式，增加农机具数量与种类，培训更多高水平农机手，积极开拓农机作业市场，通过机械化的应用提高农业生产效率，增加社会和经济效益，带动农民共同富裕。

三、科技兴企篇

专家伸出援手　企业步入正轨

"多亏山东省农业科学院的专家，帮助我们公司走出困境，步入正轨。"2023年的一个炎炎夏日，说起两年来的变化，山东鑫德慧生物科技有限公司董事长赵作帅感慨道。

赵作帅生在山东郓城，长大之后，走出郓城求学、工作。经过多年磨砺，掌握了相关技术、积累了一定的工作经验和足够的资金，后来在济南创办了济南德慧科技有限公司，企业经营得红红火火。2021年，郓城县委、县政府号召郓城籍成功人士返乡创业。此前，面对家乡经济落后的局面，赵作帅就想为家乡做点事，这次听到家乡的召唤，他下定决心返乡创业。经过一番考察和思考，2021年他在郓城经济开发区注册了一家兽药生产企业——山东鑫德慧生物科技有限公司（以下简称鑫德慧公司），着手建厂房、购设备，准备甩开膀子，大干一场。

然而，真干起来却没有想象的那么简单。一方面，在管理上，作为与当地一家公司联合组建的新企业，鑫德慧公司面临董事会重组、资产核查和市场资源融合等一系列问题；另一方面，在生产上，由于科技创新能力不足，公司产品结构老化，新设备产能不能充分利用，无法满足现代畜牧业绿色健康可持续发展的需要。此外，新公司组建不久，便遭遇一道难迈的坎儿：十分严苛的《药品生产质量管理规范》（简称新版GMP）验收、现场核查，规则和市场是冷酷无情的，一旦不能顺利通过验收与核查，公司将被淘汰出局。

郓城指挥部了解到这一情况，决定将该企业列为重点扶持企业，帮其渡过难关。2021年底，身为山东省农业科学院家禽研究所助理研究员姜亦飞到郓城县杨庄集镇挂职第一镇长。他去的第一个企业就是鑫德慧公司，经过调研，深入了解企业的相关情况后，他与企业达成了合作帮扶意向。

对鑫德慧公司的帮扶力度继续加强。2022年4月18日，家禽研究所黄中利、杨世发等专家一行5人到鑫德慧公司考察、调研企业需求。5月18日，一场别开生面的见面会如期在鑫德慧公司会议室举行。这边，鑫德慧公司董事长赵作帅、总经理李蒙侠带领公司高层管理人员和技术人员满怀期待；那头，经郓城指挥部牵头，家禽研究所派来了4位兽药研发、禽病防治等研究领域的专家。你有诉求尽管提，我来回答不迟疑，会议现场七嘴八舌，气氛热烈，最终，双方形成了一个战略合作协议框架。别的先不说，关于专家技术支持，家禽研究所与郓城指挥部指挥长现场拍板，选派科研成果丰硕且实践经验丰富的副研究员黄中利，到鑫德慧公司挂职科技副总；同时再选派一位青年博士脱产到公司挂职，提供技术支持，持续帮扶企业。

5月19日，黄中利再次来到鑫德慧公司，深入了解情况；5月22日，双方签订《科技副总挂职聘任三方协议》，黄中利正式挂职鑫德慧科技副总。姜亦飞则负责企业与院所组织协调和工作对接。

8月，家禽研究所党委书记韩伟带队到鑫德慧公司调研，当场决定将鑫德慧公司列为"所长样板工程——现代中兽药高效推广与应用样板"的实施主体，安排青年博士闫遵祥脱产挂职所长样板工程执行专家，就企业面临的问题提出解决方案。9月29日，闫遵祥到鑫德慧公司开展技术服务工作。同时，家禽研究所接续脱产挂职杨庄集镇第一镇长的杨金兴，也在四处奔走，为企业的发展、壮大，尽最大可能提供技术支撑。

没有调查研究，就没有发言权。深谙此道的家禽专家黄中利、闫遵祥、姜亦飞、杨金兴，初到鑫德慧公司时，首先进行调研，与公司管理人员交流，询问企业管理面临的困难和诉求，走进车间，与技术人员交谈，了解技术需求，寻找未来产品研发、技术创新方面的突破口。然后，有的放矢提供管理上的支持、技术上的帮扶。

能解决的问题，他们就当场解决。解决不了的疑难或者重大问题，他们就带着问题返回所里，与团队的其他专家一起，商讨解决方案。比如，企业中长期、短期的目标和规划，便是经过多人多次论证、反复修改才确定下来的。

他们为鑫德慧公司量身定制了中长期发展目标，建设生物制品生产线，双方联合申报企业研发中心和实验室、申报新兽药。同时，还制定了近期目标，积极申报省、市、县级科技平台和科研项目，调整和优化产品结构，在当前全国"禁抗"和"限抗"政策实施的大背景下，以高品质中兽药研发、生产和销售为主要发展方向，在提高产品质量、提升市场竞争力上下功夫。

以前，企业产品大都是化学类药物。产品结构优化方案中明确提出，今后企业产品种类要转变为以中兽药为主，生物制品、化学类制剂相结合。上述建议与方案，得到公司董事会的高度评价和认可，正在逐步付诸实施。企业产品结构经过优化调整与升级，符合绿色、高效、环保的要求，因此市场竞争力、占有率大幅度上升，企业经济效益和生态效益显著提升。

人才是企业的核心竞争力和发展的驱动力。针对鑫德慧公司人才短缺的问题，家禽研究所整合全所资源，打破团队界限，2022年为公司引进博士2人、科技副总1人、"所长样板工程"挂职专家1人、山东省企业科技特派员2人；建立了博士工作站、畜禽疾病检测实验室分中心等；专家提供服务指导100余人次，解决了企业科技人才缺乏的难题。

在协助企业申报项目、平台方面，他们取得累累硕果。

在项目申报方面，成功申请2022和2023年度山东省科技型中小企业；获批筹建菏泽市生物工程分析重点实验室和菏泽市天然植物活性成分工程技术研究中心，入选山东省高新技术企业培育库，设立山东省禽病诊断与免疫重点实验室郓城分中心；申报2023年山东省科技型中小企业创新能力提升工程和2023年菏泽市黄河流域生态保护和高质量发展科技创新突破计划项目；撰写了《山东鑫德慧生物科技有限公司动物药业研发中心及CNAS/GCP实验室建设项目可行性研究报告》，已提交有关部门审议。

在技术推广与产品开发方面，针对企业未来以中兽药研发和生产的主要目标，帮助企业落地推广中兽药口服液高效生产技术、常见禽病辨证施治技术等十余项新技术，开发了相关中兽药产品增蛋散、麻杏石甘口服液等十余个产品。

在人才培养方面，针对部分实验人员没经过严格培训就上岗、进入实验室不穿工作服不佩戴口罩，甚至直接用手拿取药品等不规范行为，帮助企业制定实验室管理制度，规范操作流程，邀请专家来企业开展员工培训。即使在新冠肺炎疫情肆虐时期，他们也没有停止工作，而是通过线上线下相结合、电话、微信、短视频、抖音等多种形式，开展GMP生产管理、禽病防控、中兽药合理使用等专题培训，提高企业科研人员水平和能力，为企业培训科研人员、储备科技人才，提高产品研发能力和科技含量。

在家禽研究所挂职专家的协助下，鑫德慧公司顺利通过兽药GMP专家组验收，以及菏泽市现场核查和整改。公司获得兽药生产批准文号50余个，申请兽药生产文号30余个。目前公司已走出困境，步入正轨，取得了较好的经济效益和社会效益。

专家携手企业　助力药食同源产业

　　"看，这就是我们和山东省农业科学院的专家们联合开发的木瓜类产品，有木瓜胶原蛋白饮、木瓜酵素、木瓜 SOD 压片糖果……"山东佰诺生物科技有限公司行政总监樊兆艳热情地介绍。

　　山东佰诺生物科技有限公司致力于传统药食同源及新资源食品原料的功能成分萃取与终端产品复配，是一家集健康食品研发、生产、品牌设计及健康管理集成为一体的生物科技公司。公司设有美国研发公司，还有位于青岛的中试基地、济南运营中心和郓城生产基地。郓城生产基地，是山东佰诺生物科技有限公司董事长樊兆森响应菏泽市返乡创业的号召，于 2018 年注册成立的。

　　木瓜药食两用。明代李时珍《本草纲目》记载："木瓜可去调和胃，滋脾补肺，食之益人。"中国中医药管理局编委会编辑的《中华本草》收录了木瓜的现代医学研究成果，木瓜具有保肝、抗菌消炎、抗癌等作用。另外，早在 1981 年，国家卫生部公布的第一批药食同源植物名单上，木瓜就名列其中。木瓜具有丰富的营养保健价值，被誉为"百益之果"，含有丰富的齐墩果酸、熊果酸、超氧化物歧化酶（SOD）等有效成分，还含有 19 种氨基酸和 18 种矿物微量元素以及大量天然维生素。

　　菏泽木瓜是菏泽四大特产之一，古称"曹州木瓜"。区别于药典中的皱皮木瓜品种，它是一种光皮木瓜，现在菏泽市至今依然完整保留了明朝时期的木瓜树 30 多棵，树龄约 500 年，2013 年被评定为菏泽市的市树。菏泽木瓜栽培有一定的历史，但由于科技创新及产品研发滞后，木瓜产业发展面临瓶颈，目前木瓜出口只有两个：一是木瓜种苗的输出，二是木瓜酒或者木瓜醋的销售。这两款产品在木瓜推广前期起到了非常重要的作用，但是随着人们生活水平的提高和人们对产品需求的变化，木瓜渐渐淡出了人们的视线，菏泽市的市树也在人们的生活和工作中渐渐模糊。

　　樊兆森返乡创立公司之后，有一个长远的计划，即将菏泽木瓜开发成新产品，延长产业链。公司从木瓜品种改良、产地加工到市场销售及品牌打造，开展全链条科技创新与产业化示范。郓城指挥部了解到这一情况之后，决定将该企业列为重点支持企业，对接院内专家，助力木瓜产业链发展。

2020年8月26日，山东省农业科学院经济作物研究所中药材创新团队韩金龙研究员等专家奔赴菏泽，开始调研木瓜产业的现状。他们发现，近年来当地木瓜种植面积不断下降的根本原因是产品深加工没有拓展，产业带动性不强。他们认为，只有对木瓜开展深加工技术研究和产品创制，才能实现消费端市场带动、三产融合发展。通过深入调研、了解企业的相关情况和发展需求后，他们返回山东省农业科学院，与农产品加工与营养研究所生物活性物质与功能食品创新团队孙金月等专家联合，寻找木瓜产品开发新方向。之后，三方经过多次交流沟通、实地考察，在郓城指挥部的牵头下，于10月22日进行了"木瓜产学研合作"签约，并成立了"农科专家工作室"。

　　整个产业链从木瓜品种的选育、引进开始。在郓城县武安镇政府的大力支持下，专家们引导建设了100亩核心示范基地，引进了皱皮木瓜新品种4个。种植户以保护价1.8元/千克的价格与山东佰诺生物科技有限公司签订了订单合同，实现了订单生产。为了提高土地利用率，构建了木瓜＋中草药种植模式，引进山东省农业科学院研发的鲁原丹参1号新品种，示范了丹参种子育苗技术。同时，引进了科技特派员创新创业共同体，注资10万元，重新注册公司，并与山东佰诺生物科技有限公司建立了"专家＋企业"模式的利益共同体，双方实现了利益共享、风险共担。

　　方向确定后，研究加工随之加速进行。到2021年8月，专家和企业合作，就已经开发出了木瓜胶原蛋白饮、木瓜酵素等产品。山东省农业科学院的专家持续定点对公司员工开展针对性的技术培训，同时借助广播电台开展全省技术培训，培训人数累计约4万人次。韩金龙应邀参加了央视"谁知盘中餐"栏目录制，主题就是木瓜，节目于12月6日播出，宣传了菏泽木瓜。

　　目前，山东佰诺生物科技有限公司已经对接联系种植基地1处，示范种植面积1000亩，开发产品4款，通过网络电商销往全国各地，年销售额超过200万元。

　　樊兆艳信心满满地说："现在，我们公司已经根据订单开始生产。2023年我们公司进行了厂区扩建，计划2023年木瓜深加工产品销售额突破300万元，2024年将突破1000万元。"

　　三年来，专家与企业密切合作，倾尽全力给予技术支持，企业经济效益大幅度提升，带动了当地特色产业发展，促进了木瓜文化发掘。山东佰诺生物科技有限公司获批菏泽市工业旅游示范基地称号，在菏泽举办的一年一度的中国林产品交易会，自 2021 年起设立木瓜分会场。菏泽市政协及木瓜协会等多次围绕木瓜开展专题调研，木瓜产业受到越来越多的重视。

专家们将不断加大与企业的合作力度，持续进行品种改良和产品深加工研发。以木瓜为主题，打造"工业旅游＋农业生态旅游"的新模式，通过木瓜主题展馆、木瓜健康大讲堂、木瓜主题四季旅养等形式充分发掘木瓜文化，重构木瓜药食两用的营养保健价值，助力木瓜一、二、三产业融合持续发展。

赠人鲜花手余香　千里姻缘一线牵

2023 年 11 月 18 日一早，郓城县侯咽集镇于楼村村民于孔亭就哼着小曲，往自己的货车上装东西。走近一看，是一束束娇艳欲滴的玫瑰。"这么多的花往哪里运啊？"于孔亭神秘一笑，"对方是给我提供一条龙服务的大客户，我亲自给他们送货去。"

原来，这些花都是送往山东省农业科学院的，这一条龙服务又从何说起呢？

于孔亭经营的山东兴于农业综合开发有限公司（以下简称兴于公司）主要从事玫瑰生产，多年来一直面临花卉品种陈旧、栽培技术落后、鲜切花直销难等状况。2020 年 6 月，山东省农业科学院休闲农业研究所开始围绕郓城花卉产业优化升级，由花卉团队牵头，聚焦花卉育种、设施盆花、种苗生产、促成栽培、林下经济、采后保鲜等关键生产环节，构建人才、技术、创新融合型的合作模式，为兴于公司引进花卉新品种 6 个，落地花卉高效栽培技术 3 项。

各方携手，聚力打造"科研院所＋地方政府＋企业＋农户"产学研一体化产业合作模式，公司花卉从品种到技术，从标准化生产到保鲜销售，实现了全链条高质量发展。

2021 年 3 月，花卉团队的专家们来到郓城县，同兴于公司开始全面合作。专家们以市场需求为导向，聚焦玫瑰品种、种苗质量、病虫害防治、切花保鲜冷藏运销等产业链关键节点，先后开展了"有时效、有实效、有实销"的玫瑰鲜切花共性技术难题研究。针对北方初冬季节玫瑰鲜切花成花率较低的问题，团队积极引荐棚膜企业，免费为兴于公司提供了价值 7 000 余元的保温性能好的 PO 棚膜，覆盖大棚面积达 3 000 余平方米，用于开展高效保温棚玫瑰鲜切花成花试验。

从 2022 年 10 月开始，受新冠疫情的影响，鲜切花的销售步履维艰。鲜切花产品卖不出去，于孔亭对其种植也失去信心。玫瑰大棚疏于管理，杂草丛生，花枝乱窜，失去了往日亭亭玉立、摇曳生姿的姿态。

花卉团队了解到园区现状和企业困难后，决定先从销售端入手，帮助企业渡过难关。团队成员积极联系济南市区大体量的团购群，协助企业利用多媒体平台拓宽销售渠道，帮助企业将首批初冬季节高品质切花月季正式投放济南花卉市场，总量 1 万支，市场价格 2 万余元。目前，兴于公司已基本实现玫瑰鲜切花产地直销—电商直达的销售模式，单支玫瑰花的出售价格比以往批发零售，增收 0.5～1 元。

三年来，专家们将科技的"鲜花"带到农业生产一线，将农产品的"姻缘"牵引到更广阔的市场，花卉团队助力企业打造专属的"兴于玫瑰"高品质鲜切花品牌。他们还为企业精心规划打造兴于玫瑰产业园，园区以"浪漫爱情"为主题，通过景观文化的渲染和庆典活动的宣传，逐步将玫瑰种植基地发展成为鲁西南的爱情打卡地。

下一步，兴于公司的玫瑰种植面积将扩大到 80 亩，初步形成以花卉为载体，兼具休闲农业、研发生产、交易物流等功能的首个鲁西南玫瑰鲜切花综合交易中心。农业科技的"鲜花"在鲁西南大地已然盛放，香传万里，进入千家万户。

扶贫车间　成为花生产业新舞台

　　郓城县福中福食用油加工厂位于双桥镇李楼村村北，由李楼村委会和部分党员结合村扶贫车间的要求领办。这家工厂于 2020 年 7 月建立，最初的设想是从事粮食、食用油、油脂及其制品、淀粉及淀粉制品、豆制品等农副产品加工。由于加工技术和市场受限，工厂只能进行热榨花生油的生产和销售。工厂负责人祝令召一直在寻找增加产品种类、提高产品品质、增加经济收入的新途径，但都未能如愿。

　　2021 年秋，山东省农业科学院选派第二批挂职人员，花生研究所博士王通主动请缨，来到郓城乡村振兴的主战场，脱产挂职郓州街道第一主任。他借助花生专业优势，通过实地考察了解到，郓城县地处黄河故道，全县为平原，多沙性土壤，是传统的花生种植区，在双桥镇北部一带，每年都有连片花生种植，产出的花生以壳白果大而闻名。近年来，由于郓城农村劳动力减少、老龄化、种植方式落后，品种老化，市场单一，老百姓种植意愿不断下降，种植面积由最高 10 多万亩降至现在 2 万～3 万亩。他在调查中感受到，当地花生种植户渴望花生新品种、新技术。而祝令召则希望能引进新的花生加工技术、开发出新产品，实现花生全产业链的提质增效。

　　山东省农业科学院集聚成熟的技术、完备的人才和平台优势，打造乡村振兴科技引领型花生全产业链模式，为郓城花生产业健康、可持续发展提供科学的引领和保障。

　　王通根据调查到的真实情况，联系相关专家，找准企业、农户生产中存在的"卡脖子"问题，制定方案，搭建平台，送技术、送服务。他利用花生研究所资源优势，引进新培育的高油酸花生新品种原种，在双桥镇推广示范近 100 亩。其中，在郓城县福中福食用油加工厂种植基地示范种植 20 亩花育 910，建立了标准化、机械化、优质化专用原料基地。同时，他牵头，联合双桥镇李庄、坡里何庄等多家花生种植企业，共同申请了"郓城红花生"全国名特优新认证，在双桥镇推广种植鲜食早熟品种 10 亩。

　　乡村要振兴，产业必振兴。福中福食用油加工厂作为郓城县最大的花生油生产企业，是带动郓城花生产业健康持续发展的重要平台。然而，原来工厂只生产销售食用油，榨油后剩下的大量花生饼粕全部卖给养殖场当饲料，3 000～3 500元/吨。工厂迫切需要提升花生饼粕的价值，降低花生油的价格，从而提高市场竞争力。

王通与祝令召一起，先后到平原县恩城镇双佳机械设备厂，考察花生超微粉碎机生产、运行情况；到临清市昱丰源植物蛋白有限公司和招远金城花生有限公司，考察花生蛋白粉加工、拉丝蛋白、脱红衣花生油生产加工和市场情况；到花生研究所，与专家交流，学习新技术、新工艺。他还邀请花生加工专家王明清、毕洁、张初暑，植保专家郭志清，栽培专家崔凤高到郓城县指导，提升农民的种植技术水平，提高加工厂的出油率，与企业联合开发新产品。

在专家指导下，2022年春，福中福食用油加工厂购入大豆/花生饼粕初加工设备，开始生产饼粕蛋白初产品。同时，郓城指挥部协调院内相关专家，一起出谋划策，开发了脱红衣花生油。这样一来，不但提高了工厂花生油品质，而且脱掉的花生红衣又可以作为副产物进行开发利用，榨油后的花生饼粕可以用来开发拉丝蛋白和花生蛋白制品，使得花生饼粕附加值提升2～3倍。花生研究所联合郓城县福中福食用油加工厂、山东佰诺生物科技有限公司研发了花生蛋白饮品和花生叶茶。这一系列的研究成果，为构建从花生种植到花生精深加工的全产业链条奠定了基础，同时为郓城花生产业拓展了发展空间。

2022年以来，开发的这些花生新产品和引进的花生加工新技术、新工艺，为郓城及周边花生产业发展注入科技力量。提高了企业产品质量，提高了出油率5%，增产近3.5吨。联合开发脱红衣花生油、花生红衣深开发产品、花生叶茶、花生拉丝蛋白、花生蛋白饮品等花生新产品，新增经济效益近100万元。

2020年10月，在菏泽第三届扶贫车间产品展销会上，郓城县福中福食用油加工厂生产的花生油获得优秀产品奖。在当地商超均有销售，受到广大消费者欢迎。

山东省农业科学院的专家们带来的花生新品种、种植和加工新技术不仅得到加工厂负责人祝令召的称赞，也得到种植示范基地相关人员的认可，当地种植高油酸花生的积极性明显提升，收益也增加了。

在郓城，王通协调、组织建立花生示范田，示范展示花生新品种、新技术，取得显著成效，得到当地干部群众的好评。

后来，花生研究所增派花生加工专家宋昱博士来郓城脱产挂职，继续推广花生新品种、新技术。同时，他与其他专家和当地一起合作，把产品加工、智慧农业和品牌建设等交叉融合，构建了"科技引领＋合作社＋专家"的全产业链模式，助力农民和集体收益双增加，建立了可复制、可推广的乡村振兴科技引领型花生产业新模式。

专家团队助力　硕宇集团再创佳绩

"鸡场鸡群精神状态很好，小鸡长得非常健康。这跟山东省农业科学院各位专家的指导帮助是分不开的。"山东硕宇生物科技集团有限公司（简称硕宇集团）负责人曹翠英高兴地介绍着养鸡场的情况，欣喜之情溢于言表。

曹翠英是土生土长的郓城人，小时候生活条件艰苦，这造就了她不怕吃苦、勇于担当的刚毅性格。她从事过不少工作，有着丰富的"从商"经历，用她自己的话说："我卖过小针线，开过小商店。"

2008年8月12日，曹翠英在杨庄集镇开发区，注册成立了郓城县硕宇动物药业有限公司。从此以后，公司在她的经营下可谓风生水起，经营范围不断拓展，规模不断壮大，后来公司更名为山东硕宇生物科技集团有限公司。

随着市场竞争的日益激烈，有两个问题逐渐凸显，制约了公司继续前行的步伐。一是公司缺少拳头产品，拥有的均是畜禽养殖过程中的成熟产品，企业之间竞争压力大，产品利润低，亟需开展以企业为主导的新产品研发；二是公司研发实力较弱，缺乏有经验的研发人员，现有人员主要从事已有产品工艺改进和产品质量检测工作，无力进行原发性的产品研制。

2021年初，郓城指挥部在调研遴选帮扶企业过程中，通过与曹翠英沟通交流，决定帮助企业对接家禽研究所，依托家禽研究所人才、技术和平台优势，帮助企业排忧解难，实现提质增效。在郓城指挥部协调下，家禽研究所博士、挂职黄安镇第一镇长孟凯与企业建立联系。他多次到硕宇集团调研，并及时将了解到的情况向家禽研究所负责人汇报，共同探讨帮扶方案。

接下来的一段时间，孟凯协调家禽研究所兽药研发团队的专家到硕宇集团，深入了解公司需求。每次家禽专家到硕宇集团时，曹翠英都会把生产、质检、研发部门的相关管理和技术人员召集起来，通过开会、培训、现场指导等方式向专家请教问题，制定将来合作方案，生怕"过了这村就没有这个店"。

"越努力越幸运"，真的应了这句话。就在曹翠英努力提升企业兽药生产的同时，根据中央和省、市有关工作部署，"巩固拓展脱贫攻坚成果同乡村振兴有效衔接"项目在杨庄集镇落地实施。身为菏泽市蛋鸡协会会长的曹翠英，一直有个情怀，那就是要在自己擅长的领域干一番事业，带动家乡养殖产业高质量发展，同时带领父老乡亲们一同致富。郓城指挥部、家禽研究所、硕宇集团三方很快达成共识，那就是争取项目资金支持，在杨庄集镇建设高标准的蛋鸡智能化养殖基地。经过三方共同努力，终于如愿以偿，硕宇集团最终取得了1 500万元的项目资金支持。万事俱备，只欠东风，接下来就看具体怎么干了，曹翠英思考着、筹划着。

曹翠英一刻也不愿等了。4月21日，她带领公司高层管理人员奔赴济南，到家禽研究所，与所负责人商讨下一步合作事项。在家禽研究所会议室，双方展开了友好而又激烈的讨论，双方秉承协同发展、合作共赢的理念，达成共识，加快实施对企业的扶持计划。所内决定，选派一名专业能力和科研能力扎实、有新兽药产品研发经验的科研人员担任企业科技副总；第二批脱产挂职人员选派时，在杨庄集镇派驻一名挂职第一镇长，做好各方面的协调工作。同时，家禽研究所从即日起，开始对蛋鸡智能化养殖基地建设方案进行规划设计，由家禽养殖专家史勇具体负责，争取尽快推进养殖基地的开工建设。曹翠英这次济南之行收获满满，笑得合不拢嘴。

5~8月，家禽研究所负责人和专家团队先后四次到硕宇集团，围绕挂职人员安排、实验室改造、新兽药研发和蛋鸡智能化养殖基地建设等工作，双方进行交流探讨，不断细化工作方案，工作思路越来越清晰。

9月9日上午10点，一辆黑色轿车停在了杨庄集镇政府大楼门前，他们就是前来进行工作对接的家禽专家：挂职硕宇集团科技副总杨世发、脱产挂职杨庄集镇第一镇长姜亦飞，养殖基地方案规划设计负责人史勇。自此，他们便正式走上了挂职和对硕宇集团进行重点扶持的工作岗位。

按照家禽研究所和硕宇集团的既定方案，在郓城指挥部协调下，双方打造科企创新联合体模式，专家团队成员不定期到企业针对兽药产品研发、生产工艺改进和蛋鸡养殖基地建设等进行技术指导。

专家依托山东省农业科学院团队和平台优势，与企业共同申报各级各类课题项目，解决生产中的实际问题，研发出的新产品授权给企业进行生产并推广应用，使企业实现提质增效。企业为专家团队实现科研成果的快速转化提供相应支持，实现专家和企业互利共赢。

针对蛋鸡智能化养殖基地建设项目，双方成立了项目攻关小组，不定期进行沟通协调，对设计方案进行规划调整。

杨世发和姜亦飞到位以后，在前期工作的基础上，在硕宇集团建立了专家工作室、博士工作站。杨世发具体负责兽药产品的研发和工艺改进、项目申报等科研方面的相关工作，姜亦飞主要负责做好企业、家禽研究所和指挥部之间的沟通协调与对接工作。

9月29日，杨庄集镇前孙庄村西边的一片土地上，彩旗飘扬、鞭炮齐鸣。这里就是山东省农业科学院蛋鸡智能化养殖基地的建设现场。在经历了数次的选址论证、方案调整等工作之后，终于迎来了养殖基地奠基的日子，山东省农业科学院和杨庄集镇的有关负责人出席奠基仪式。

不仅要干，而且要宣传。在郓城指挥部的帮助指导下，家禽研究所和硕宇集团着力打造"蛋鸡文化科普教育基地"，旨在通过实地参观、科普视频宣传等方式，增强人们对鸡的起源和文化、鸡的品种和营养等知识的了解，同时提高企业的社会影响力，促进企业协同发展。众人拾柴火焰高，大家齐心协力、攻坚克难，科普基地终于在11月建设完成，并举行了授牌仪式。

各项工作有条不紊地进行着，时间很快来到2022年8月，家禽研究所确定由杨世发继续挂职硕宇集团科技副总，成果转化与推广科科长杨金兴接续挂职杨庄集镇第一镇长，继续对硕宇集团进行重点扶持。9月，杨金兴脱产挂职杨庄集镇第一镇长。

充分的调查研究是发现问题、解决问题、破解矛盾的法宝。作为在单位管理科室工作的杨金兴非常明白这个道理，他来到杨庄集镇，第一时间就深入硕宇集团，与公司管理人员和技术人员沟通交流，了解企业管理方面存在的问题，考察兽药研发及生产现状，并实地调研蛋鸡智能化养殖基地的建设进展，做到心中有数。

企业要实现快速健康发展，只有好的产品是不够的，还需要各类人才整体素质的提升。杨金兴和杨世发多次组织山东省农业科学院专家，对企业生产、检测、销售人员以及部分养殖企业客户进行相关技术培训，先后举行了10余场次，累计培训人员1 000余人次，提高了企业员工的操作规范、销售技能和养殖企业的整体技术水平。通过快速的疾病检测服务，企业每年增加销售额300万元以上，应用家禽3 000万只以上。

经过郓城指挥部、家禽研究所和各位挂职人员的共同努力，硕宇集团在荣誉称号和项目申报、平台建设方面成绩斐然：

——2021—2023年，荣获山东省科技型中小型企业和国家高新技术企业称号；

——与企业共同申报山东省乡村振兴项目"安全优质禽蛋产品生产关键技

术集成与示范";

——设立专利新产品研发项目"防治家禽腺肌胃炎中兽药",现已完成 2 个产品的中试生产;

——联合申报山东省中小企业创新能力提升项目;

——成立了山东省农业科学院中兽药研发中心、山东省农业科学院动物疫病检测诊断分中心(郓城);

——2023 年度获批筹建菏泽市动物疫病检测诊断重点实验室;

——协助企业通过多条中兽药产品线的 GMP 认证,丰富兽药产品种类,提高产品附加值;

——协助企业获得饲料生产许可证和饲料添加剂生产许可证,开发饲料新配方和新添加剂,助力企业多元化发展。

此外,在杨世发团队的组织协调下,家禽研究所先后有中兽药高效生产加工技术、家禽中兽药规范应用技术等十余项技术成果在企业落地实施。

硕宇集团兽药和饲料产品的研发、生产和销售逐渐步入正轨,曹翠英把主要精力集中在蛋鸡智能化养殖基地的建设上。从鸡舍主体建设到养殖设备考察,从鸡苗引进品种到饲料配方设计,从将来鸡蛋品牌树立到各种功能蛋打造等,她忙得不亦乐乎。在这个过程中,杨金兴、史勇和杨世发积极参与其中,发挥自身专业特长和所在单位的资源优势,竭尽全力地为硕宇集团提供技术、信息和智力支持。

有付出就有收获,机会总是留给有准备的人。2023 年度,智能化蛋鸡养殖基地建设项目硕果累累,喜报频传:

——2023 年度获得"巩固拓展脱贫攻坚成果衔接乡村振兴"项目资金 200 万元,用于蛋鸡智能化生态养殖基地建设,为养殖基地尽快投入生产提供资金支持;

——2023 年 4 月 17 日,山东省农业科学院蛋鸡智能化养殖基地正式开业,山东省农业科学院、郓城县、杨庄集镇有关负责人出席并剪彩;

——2023 年 4 月 20 日,养殖基地育雏育成鸡舍设备安装调试完成;

——2023 年 4 月 24 日,首批 10.2 万羽京粉 6 号雏鸡成功转入育雏育成鸡舍。

另外,依托硕宇集团蛋鸡智能化养殖基地,建设粪污处理中心一处,年产有机肥 15 000 吨。这个粪污处理中心除满足企业自身的需要外,还可满足周边方圆 10 千米畜禽养殖户粪污处理的需求。

养殖场为养殖基地周边 15 个村庄村民提供就业岗位 60 个，村集体保底收入 109 万元，粪污集中处理场带动周边村庄 20 人就业，取得了显著的社会效益和经济效益。

专家称，蛋鸡智能化养殖基地建成的重要价值在于，引导郓城县乃至菏泽地区蛋鸡养殖产业向规模化、标准化、集约化、生态化转型发展，将蛋鸡产业向绿色发展方向提升。

硕宇集团蛋鸡智能化养殖基地设立种养结合示范区，以"产业融合、提升效益、绿色发展"为目标，以蛋鸡养殖为核心主业，建立蛋鸡生产、饲料加工、有机肥生产、中草药种植为一体的示范基地，旨在形成"智能化蛋鸡养殖—生产绿色无抗鸡蛋—鸡粪有机化处理—有机肥种植中草药—中草药提取制中成兽药"的节能型农业生态循环发展模式。

农牧互动　肉牛养殖成特色

肉牛养殖是郓城县程屯镇的主导产业之一。近年来，程屯镇紧紧牵住"牛鼻子"，立足现有的肉牛产业资源，依托全县肉牛养殖产业政策优势，集中建区、分户饲养、小群体汇聚大规模，着力推动畜牧业生产方式和增长方式的转变，坚定不移地走种养结合、农牧良性互动的发展之路。程屯镇深入探索养殖小区标准化养殖和家庭农场适度规模经营的养殖模式，加快推进肉牛养殖全产业链建设，发展农村经济合作组织，全面提升肉牛养殖产业化水平和肉牛产业链条综合开发能力。

郓城犇驰肉牛养殖有限公司就是程屯镇集约化养殖小区中的一个企业。该公司依托标准化肉牛养殖小区建设项目，动员当地养殖户"出户入园"进行集中养殖。养殖小区按照统一规划建设、管理运营、防疫消毒、饲草供给、技术服务、出栏销售和分区分户饲养的"六统一分"养殖模式，逐步引导养殖户由分散养殖向精细化、标准化、规模化集中养殖过渡。

然而，随着养殖规模的不断扩大，机械化水平低、饲草料成本高、粪污资源化利用难等技术问题逐步成了限制企业生产效益的重要因素。

2020年6月，畜牧兽医研究所肉牛繁育饲养团队和农业机械科学研究院畜牧养殖装备团队深入生产一线，结合郓城肉牛产业优势，致力于解决在肉牛养殖中的良种化、规模化、机械化等方面存在的发展难题，为郓城肉牛产业发展提供科技助力。

专家团队按照肉牛全产业链发展规划，建立"土地托管和流转—饲草种植—饲料加工—良种繁育—规模化育肥—屠宰加工—产品营销—废弃物处理—定量还田"的肉牛全产业链发展模式，推进种养结合生态循环和一、二、三产融合发展，以提升当地肉牛产业经济效益和核心竞争力。

有了明确的发展方向，配套的技术培训和技术服务必须跟上。2021年7月20日至21日，畜牧兽医研究所肉牛繁育饲养团队联合家禽研究所、郓城指挥部、菏泽市畜牧服务中心、郓城县畜牧服务中心举办肉牛养殖技术培训会。专家团队围绕肉牛疫病防治、发酵饲料的应用、优质全株玉米青贮生产技术、肉牛繁育技术、降低饲料成本的措施、粪污处理轻简化技术等主题进行了授课并与学员进行了技术交流。

2022 年 11 月，正值疫情期间，第二批脱产挂职专家李均同和第三批脱产挂职专家苏文政、刘昭华、时光到程屯镇与养殖企业进行对接服务，详细了解公司的养殖生产现状以及技术需求，对肉牛的饲养管理、适时出栏等方面进行技术指导。

接过接力棒，刘昭华经常深入公司进行技术指导，针对养殖全过程机械化利用提出技术建议，还对企业新场区建设规划、牛舍设计、青贮设施建设工艺及设计规模等技术细节提出建议。

一方面，在充分调研的基础上，结合养殖企业实际情况，制订了"养殖小区"模式，推动养殖业向集约化、标准化、规模化发展，实现群众增收致富与改善人居环境双提升；另一方面，加大宣传力度，动员其他养殖户积极进驻，实现养殖户增收与乡村环境改善共同发展。有力地推动肉牛养殖特色产业转型升级，逐步形成产业发展与生态宜居相结合的乡村振兴新局面。

三年来，在畜牧兽医研究所专家的协助下，郓城犇驰肉牛养殖有限公司养殖技术水平逐步提高，饲草料成本高的压力得到缓解，机械化生产水平明显提升，从而取得了较好的经济效益和社会效益。

种养结合　肉鸭企业增效益

有句歇后语，这样说："赶鸭子上架——办不到。"然而，随着科技进步，养殖设备设施的改进完善，笼养肉鸭悄然入住"四层楼房"，实现了智能化养殖，大幅度提高了养殖密度和数量，降低了管理人员的劳动强度和劳动量。

凡事有一利则有一弊。庞大的肉鸭存栏量造成粪污大增且集中，导致区域性面源污染。菏泽益州养殖有限公司董事长梁作贝心急如焚，不断寻找处理办法。他南上北下，引入黑膜氧化塘技术、干湿分离机技术、好氧发酵池技术等当下比较优良的处理办法，然而效果不尽如人意。

粪污的出路在哪里？仰天长叹，答案在哪里？养殖技术可以攻克、疾病防控可以做到、市场行情可以预测，粪污资源能不能有效处理利用？这成了制约笼养肉鸭产业发展的"卡脖子"问题。

2020年8月，畜牧兽医研究所助理研究员王怀中来到郓城，面对肉鸭养殖产生的大量粪污，也是一脸的不知所措。

结合院创新工程"畜禽废弃物综合利用"研究成果，从基础做起。2020年12月，他组织专家在郓城县久翔蔬菜种植专业合作社开展肉鸭粪污好氧发酵模式研究，结果表明：好氧发酵肉鸭粪污，高温期持续较短且投资较大，并不适宜大部分的肉鸭养殖企业。

如何既降低投资，又能充分利用这些集中的资源？

机会总是留给有准备的人。2021年5月，王怀中与蚕业研究所专家一起到郓城县玉皇庙镇调研桑叶养蚕，交谈中无意听到一则信息：两年以上的桑树长期浸泡在肉鸭粪污中，仍能正常生长。他眼睛顿时一亮，随后赶回所里，邀请生猪繁育团队牧草首席专家王诚和郝丽红博士，三人一起针对饲料桑处理肉鸭粪污和青贮利用进行了可行性研究，并制定了试验计划。

业内人士都知道，要从根本上解决肉鸭粪污的问题，必须做到"三保证"：一是保证不造成面源污染，二是保证变废为宝，三是保证处理运营低成本。

做到"三保证"谈何容易？况且首先应增强企业负责人对饲料桑处理粪污和有效利用的认同感，激发他们参与试验研究、采用新技术新方案的积极性。

挂职期间，王怀中先后组织郓城县畜牧服务中心、张鲁集镇环保监管部门及肉鸭养殖企业负责人赴泰安，参加果穗玉米青贮现场观摩交流会；赴日照、临沂等地，考察调研肉鸭粪污处理模式。大家观摩、考察和调研了山东启阳清能生物能源有限公司、庄氏农业研发中心、费县玖瑞瑞饲料有限公司等单位的好氧发酵模式、饲料桑处理生猪粪污方式。耳听为虚，眼见为实。与会人员思想逐渐统一了，对青贮技术及饲料桑处理粪污能力表达了认同。

但科研院所与企业合作中知识产权归属、资金投入、研发人员是否为兼职身份等问题制约着科研人员与企业的共同研发。正当王怀中和菏泽益州公司董事长梁作贝为此焦虑时，2021年7月，山东省农业科学院发布《关于面向社会公开寻榜张榜揭榜农业科技难题的通告》，通告解除了科研人员与企业合作研究的束缚，明确了双方的责任和义务。

菏泽益州公司第一时间张榜，公开技术难题，寻求科研团队，畜牧兽医研究所科研团队揭榜。2021年9月，双方签订揭榜科技难题项目任务书，研究内容主要是肉鸭产生的粪便污水经过黑膜氧化塘发酵后形成灌溉用水，用于种植以大水大肥为生活习性的饲料桑。通过制作青贮饲料桑，就近饲喂畜禽，形成闭锁的生态循环农业，降本增效，差异化、特色化养殖，改变废弃物的利用方法，增加土地效益，促进种养殖业的平衡、有序、合理地发展。

9月29日，在郓城南湖宾馆，王怀中与菏泽益州养殖有限公司签订利益共同体合同，约定技术入股、效益共享。

发酵青贮饲料桑对生猪养殖和肉质改善的影响如何？2022年元旦期间，王怀中组织菏泽益州养殖有限公司、郓城雀羽养殖有限公司两家企业负责人赶赴济南市章丘区双山街道三涧溪村，参加基于饲料桑源虎黑猪猪肉品评会。通过观摩、学习，这两家企业负责人对饲料桑的功效深信不疑，表示要加强与畜牧兽医研究所的合作。会后，菏泽益州养殖有限公司董事长梁作贝带队到济南，跟畜牧兽医有关专家进行了深度交流，双方紧密合作由此展开。

2022年3月，王怀中团队来到菏泽益州养殖有限公司种植基地，栽植了1 810株饲料桑树苗，开始小范围试验。

养殖企业资金需求量极大，面对未来的试验资金需求和低迷的肉鸭养殖行情，资金短缺成为限制企业发展和试验进展的一大障碍。

办法总比困难多。王怀中多方联系，6月在郓城县农村信用社联合社争取到企业发展贷款资金110万元，解了企业的燃眉之急。

团队筹措部分经费，购买了17 500株桑树苗，赠送给菏泽益州养殖有限公司，栽植到50亩试验田里。天有不测风云，由于雨水过大，试验田排水不畅，积水严重，桑树苗根系呼吸受到抑制，成活率较低，影响了下一步的试验研究。

"在哪里摔倒，就在哪里站起来。总结经验，吸取教训，挺直腰杆继续干。"菏泽益州公司负责人也表态，抓紧时间开挖沟渠，向外排水。

2023年4月，王怀中与菏泽益州公司负责人协商，利用存活的饲料桑树开展小范围的粪污浇灌试验，试验分笼养肉鸭粪污的直灌、发酵后浇灌、粪水比例1∶20等3种方式连续进行2次浇灌试验。试验结果表明：一年以上饲料桑树对三种肉鸭粪污浇灌耐受性非常强，并未出现黄叶、死树等现象；与未浇灌粪污的对比，浇灌后的枝叶更加旺盛。这大大增强了企业和科研团队的信心。

经过双方共同努力，6月争取到部分资金，科研团队将30亩地饲料桑苗落地企业的陈坡、潘渡两个分场，决定在人才、资金、技术等方面加大工作力度，建立"笼养肉鸭粪污处理和利用"新模式。

梁作贝专程赶往济南，向畜牧兽医研究所赠送了一面"科技惠民有力度，三个突破助三农"的锦旗，以表达对所领导和专家们的感谢。

科企合作　助推花卉企业升级

自从 2008 年 2 月成立以来，郓城县阳光花卉有限公司一直不温不火。

公司拥有 3 000 余亩土地，主要种植绿化苗木、油用牡丹，经营凤梨、蝴蝶兰、多肉等花卉产品。

时间来到 2020 年 6 月，山东省农业科学院实施把郓城作为示范县，打造乡村振兴科技引领型齐鲁样板。经济作物研究所研究员韩金龙主动请缨到郓城生产一线去挂职，经过郓城指挥部统筹安排，他挂职郓城县武安镇第一镇长。到任伊始，他就牵头，以郓城县阳光花卉有限公司为挂靠单位，成立了郓城县牡丹产业技术研究院。此举为郓城县阳光花卉公司与科研院所进一步在产学研方面的深度合作奠定了基础。

与此同时，休闲农业研究所牡丹芍药团队负责人王琦也来到郓城，挂职郓城县阳光花卉有限公司科技副总。挂职期间，她积极对接企业，共同合作完成牡丹高产优质栽培技术研究及示范项目，完成了牡丹籽油品质与生态因子的相关性研究，构建了与牡丹籽油品质相关的生态指标体系；研究了牡丹籽产量与种植密度、株行距等栽培技术间的关系，探索了油用牡丹需肥、需水及病害发生规律。这些成果最终集成了油用牡丹集约化高产优质栽培技术体系，为油用牡丹高产优质种植提供了技术支撑。

优势品种是科技入企的金钥匙，品种、技术是花卉生产企业的核心竞争力。深谙此道的花卉专家王琦，与郓城县阳光花卉有限公司技术人员联手，开展优质高效设施盆花新品种选育工作。他们共同选育的蝴蝶兰新品种"鲁卉斑马"，已提交到农业农村部植物新品种保护办公室。此外，他们还发布实施了油用牡丹嫁接、副产物综合利用、间套作技术规程等 3 项团体标准，大大提高了企业的核心竞争力。

牡丹，自古以来深受国人的喜爱，有着雍容华贵之资、天香国色之誉。牡丹全身都是宝，单从经济角度就有"赏、油、食、药、饲、美"六大价值。作为菏泽市花，牡丹也颇受菏泽市民青睐。王琦站在花卉产业可持续发展的角度，主张花卉一、二、三产业融合发展。2021 年 12 月 9 日，为了促进郓城花卉产业链提质增效，农民增收致富，针对郓城花卉产业发展需求，在郓城县武安镇政府会议室，王琦负责组织了"郓城花卉产业——花卉高效栽培技术培训会"，培训从事花卉生产管理的技术人员 50 余人。

2023 年 3 月 29 日，一场主题为"打通科技进村入户（入企）通道"的解放思想大讨论，在郯城县阳光花卉有限公司举行。观赏园艺团队朱娇博士和山东省标准化协会陈祥伟应邀前来参加。朱娇结合蝴蝶兰的培育，对组培技术进行培训，从蝴蝶兰组织培养所用基质、外植体选择、组培苗切繁等问题与公司技术人员进行深入交流。陈祥伟从标准化助力企业高质量发展的角度，就团体标准、行业标准申报的具体流程以及在申报过程中的注意事项，对企业相关人员进行了针对性培训。王琦在组培室生产计划制定、培养基配方改良、组培室环境控制等方面，给公司提出了合理化建议。

围绕花卉全产业链发展，聚焦企业创新能力提升，王琦带领团队从品种引种到栽培技术，到采后保鲜，再到产品销售，全产业链助力企业科技创新发展。针对牡丹催花"卡脖子"问题，研发出牡丹促成栽培及精准花期调控技术，实现盆栽牡丹在元旦、春节期间盛开，推广应用达 4 000 平方米。结合观赏凤梨生产的现状和种苗的"卡脖子"问题，制定了切实可行的种苗繁育方案，提高了种苗的一致性和生长势，提升了种苗质量，有效降低了种苗的生产成本。

针对花卉产业发展中寻苗难的问题，休闲农业研究所根据郯城气候、产品销售特点，大力筛选培育市场前景好、生长管理简单、单位面积效益高的设施花卉种类。

鲜花销售最重要的是要突出一个"鲜"字。王琦带领观赏园艺团队积极利用电商平台拓宽销售渠道，减少周转流程，使鲜花从采收到花瓶的时间缩短到 24 小时内，单支玫瑰花售价增长 0.5～1 元。

对牡丹产品进行精深加工是提升牡丹产业价值的重要举措，随着牡丹产品的不断研发，牡丹籽油成为牡丹深加工的主要方向之一。油用牡丹含油率 22%，以不饱和脂肪酸为主，α-亚麻酸含量 40% 以上，远超橄榄油，油酸、亚油酸、亚麻酸占比均衡，除可食用外还可加工成护肤品等。

"我们下一步的研究，不光会聚焦农业，还将继续拓宽思路，与医美护肤行业、保健行业、食品行业、酒水行业充分结合起来，把产业做活。"在 2023 年 4 月牡丹芍药新品种（系）展示鉴赏观摩会上，王琦表示。

郯城县阳光花卉有限公司现有林下种植油用牡丹 3 000 余亩，对牡丹籽油进行精深加工是企业下一步的发展方向之一。王琦将带领团队成员与企业共同研发牡丹籽油提取技术，带动企业转型升级、增加经济收入。

第五章

精准施策——十大产业链

三年来，根据郓城农业产业发展需求，围绕粮油、蔬菜、畜牧、家禽、葡萄、果树、花卉、预制菜、芦笋和中草药十大特色产业，坚持全产业链发展理念，实施产业链"链长制"。即：由山东省农业科学院处所主要负责人担任链长，让有实力、有发展意愿的涉农企业或者种植大户做链主，提升产业已有优势，延伸产业链条，补齐产业发展短板。同心协力，齐头并进，集聚成果、人才科技力量，绘制产业全链条发展新蓝图，依靠科技提升打造美丽宜居新农村。

一、粮油产业链

用最好的技术　种出最好的粮食

2023 年 5 月 24 日下午，烈日当空，骄阳似火，三辆轿车停在山东省郓城县随官屯镇王庄村赵王河畔的麦田旁边。从车上下来的一行人径直走向一片植株整齐、长势旺盛的小麦田。

这些人中，有山东省农业科学院粮油（小麦）产业链链长崔太昌，山东鲁研农业良种有限公司副总经理李晓明、副经理白广臣，山东省农业科学院在郓城挂职的第一镇长杨文龙、王美华、刘国栋、张维战、刘奇华等人。

这片试验示范田，面积有 60 亩，集中种植了济麦 38、济麦 40、济麦 44、济麦 805、济麦 926 和鲁研 1403 等小麦新品种。

阵阵轻风吹过，泛起层层麦浪，蔚为壮观，令人欣喜。

专家们站在田间，观察对比小麦新品种的性状表现。崔太昌掐下一个麦穗，搓出麦粒，仔细观察灌浆情况；用手轻轻拂过一个个麦穗，观察田间麦穗密度，估算亩穗数，以便挑选出适合郓城种植的小麦品种。

农科院搭台，小村庄进驻大专家

一个小小村庄，为什么会有这么多的小麦新品种？背后有什么来头？

王庄村党支部书记王向杰一句话道破天机："是山东省农业科学院给我们送来了大专家，在我们村搞试验示范，给我们村带来了一批优良小麦新品种。"

王向杰所说的大专家就是刘建军研究员，他是作物研究所小麦遗传育种团队学科带头人、国家小麦产业技术体系岗位专家。

刘建军带领团队培育的小麦新品种济南 17、济麦 19、济麦 20、济麦 22，先后获得国家科技进步奖二等奖。"十五"以来，济麦系列小麦新品种累计推广面积达 4.9 亿亩，增产小麦 216.7 亿千克，新增经济效益 400 多亿元，对我国小麦产业发展以及粮食安全做出了巨大贡献。

刘建军挂职任王庄村第一村主任以来，他在王庄村安排了小麦试验示范田，并带领小麦遗传育种团队驻点包村，引进小麦新品种新技术，开展试验示范。

近年来，在国家和山东省项目资助下，刘建军带领小麦遗传育种团队针对生产上小麦品种同质化严重、高产品种多为济麦22多穗型品种的现状，从市场需求出发，在育种方向上更加注重大穗、矮秆、抗病抗逆品种的研发，育成了以济麦38、济麦40、济麦5198为代表的高产大穗品种（品系）和济麦5022为代表的大穗强筋小麦新品系。这些品种（品系）有望成为山东省小麦产业新旧动能转换的主力品种。

2022年，面对洪涝等自然灾害威胁、新冠肺炎疫情等挑战，我国粮食生产继续保持增产势头，优良品种发挥了重要科技支撑作用。2022年6月9日，在山东省滕州市级索镇龙庄村小麦高产竞赛实打测产活动中，绿色强筋小麦新品种"济麦44"平均亩产达到801.72千克，刷新了全国超强筋小麦单产纪录。6月16日，在山东省桓台县索镇睦和村的国家粮丰工程项目小麦高产攻关田中，经专家实打，济麦5198亩产831.93千克，济麦38亩产806.81千克，标志着山东省大穗高产小麦育种取得了新突破。

目前，山东省主要农作物良种覆盖率达到98%以上，良种对粮食增产的贡献率达到47%，为稳定提升粮食产能、保障重要农产品供给奠定了坚实基础。国家统计局数据显示：2022年全国夏粮总产量1 474亿千克，比上年增加14.35亿千克，增长1.0%。2022年，山东省小麦总产量264.12亿千克，增加0.45亿千克，增长0.2%，为开新局、应变局、稳大局发挥了重要作用。

2022年夏季，超级产粮大县郓城小麦夏收面积145.7万亩，亩产486千克，较上年增产10千克，总产7.08亿千克。推广种植的小麦品种主要是济麦22、鲁原502和山农28等，其中济麦22种植面积80多万亩，占比54.9%以上，高产地块亩产量超过了800千克。由于上年秋季降水量大，涝灾较重，排水不畅，造成小麦播种期延迟，影响了小麦产量。调查中发现，济麦22是受晚播影响最小的品种。

第一镇长牵线，助力粮食精深加工升值

"咱搞农业的就得两脚踏在土地上，光坐在办公室里怎么行？"山东省农业科学院湿地农业与生态研究所郭涛博士说。2021年8月31日，他脱产挂职随官屯镇第一镇长，投身乡村振兴科技引领型齐鲁样板示范县建设。

报到伊始，郭涛在县委、县政府部门的大力支持下，深入全镇各村，与种养大户联系，到合作社、家庭农场开展调研。一直从事水稻研究工作的他，对玉米、小麦、家禽、蔬菜、果树等产业不熟悉。本着"先当学生，后当先生"的心态，他虚心向镇上工作人员、当地种养能手学，向相关专家电话咨询、请教，了解到全镇的基本情况，掌握了第一手资料。

随官屯镇是工业强镇，务工就业较为方便，农民工资性收入占比较高，农业以机械化程度高的小麦、玉米为主，特色产业不突出，农产品加工及一、二、三产业融合发展不足。针对农业产业存在的问题，郭涛反复与专家电话沟通，邀请专家来镇里指导，帮助制定"延伸产业链、提升价值链、打造供应链"的发展规划。思路理清晰了，首先需要建立一个核心示范基地，郭涛在王庄村党支部领办的合作社——郓城县兰峰种植专业合作社（以下简称兰峰合作社），找到了志同道合的合作伙伴。

王庄村是新农村建设的示范村，村民们住进新楼房后离土地较远，耕种不方便。2020 年 10 月，王庄村党支部领办成立兰峰种植专业合作社，以每年每亩 1 200 元的价格流转村民土地统一种植，利用扶贫车间建设了石磨面粉、花生油、香油加工生产线。流转了土地的村民优先到合作社的加工车间打工，每月收入 2 000 元左右。

在合作社发展过程中，由于缺少科技支撑，加上经验不足，磨出来的面粉不仅颜色黑，而且数量也少，导致产品市场认可度低、销售不畅，合作社效益低下。

郭涛对症下药，邀请刘建军现场指导，为合作社引进了济麦 55 等 4 个品种。另外在小麦面粉加工过程中，邀请专家会诊，针对存在的问题逐一给出解决方案，将润麦时间从 12 小时增加到 24 小时。

面粉品质好了，销路也逐步打开了。三个月时间，石磨面粉就销售 15 吨，销售额达 12 万元。经过双方商议，作物研究所决定在王庄村设立农科专家工作室，开展全面科技合作。

对下一步的发展，郭涛已经做好规划：依托专家团队技术支持，帮助合作社延伸产业链，生产适合面包、面条、馒头的系列石磨面粉，同时引进富硒技术，提高产品质量。小麦收获后，还将引进玉米、大豆带状间作技术，生产高值粮油。

大专家包村，指导农民种出最好的粮食

一茬接着一茬种，一任接着一任干。作为王庄村挂职第一村主任的刘建军，多次组织专家到村里进行技术培训，现场手把手地向农民传授技术，向合作社捐赠小麦良种。

小麦育种专家樊庆琦多次到王庄村实地查看引进的小麦新品种田间长势，指导农民进行小麦肥水管理和病虫害防治，他还把小麦田间管理技术做成明白纸送给合作社。

2022年6月，田间麦浪翻滚，一派丰收景象。

6月7日，郓城县农业农村局组织专家组对合作社引进的60亩优质、特色小麦进行测产验收。经过专家测产：优质强筋小麦品种济麦55、济麦5022平均亩产分别达到602.35千克、615.42千克，特色品种济糯麦1号平均亩产628.82千克，蓝麦1号亩产521.54千克。听到测产结果，合作社社员们增强了进一步推广种植优质特色小麦的信心。

2023年春节刚过，刘建军便赶赴王庄村，查看小麦生长情况。他蹲在麦田里，仔细查看苗情、土壤墒情、土壤水分，拔起麦苗查看麦苗根系生长情况。看到有一片麦苗因土壤松暄而受冻，他嘱咐种植户："麦苗返青后，一定要镇压，这样才能壮苗。肥水管理也要跟上。"

樊庆琦拔出一棵已经发黑的死亡麦苗，向农户讲解病害防控知识。

随后，他们又查看了济麦926、20J091和鲁研1403的生长情况。刘建军高兴地说："今年的苗情好于去年，丰收大有希望。"

有了这些"科技大咖"加盟，王庄村村民们种粮的积极性高涨起来。

郓城县作为全国超级产粮大县，粮食精深加工短缺。如何延长小麦的价值链，也是当时合作社最关心的问题。

2022年7月15日，山东省农业科学院农业信息与经济研究所副所长杨萍到王庄村查看合作社加工车间及其产品。她提出："农产品要想获得更高的价值，必须发展加工产业。"

刘建军、樊庆琦、刘宾等专家多次到加工车间、产品展厅、小麦新品种试验田，指导产品研发、市场开拓、产品宣传等工作。刘建军抓起一把小麦，就润麦时间和湿度、原料选择、加工工艺、产品研发、品牌创建等问题，耐心与工人交流。

樊庆琦参与筹建了位于郓城县侯咽集镇的粮食加工中心。他积极与负责人对接，协助引入福州新味美实业有限公司、山东省土地发展集团有限公司菏泽分公司上亿元资金进行扩建厂区、厂房，企业小麦面粉日加工产能提升至1 000吨。

山东省农业科学院选派杨文龙接任随官屯镇第一镇长。上任之后，他经常到兰峰合作社走走看看，就未来的种植、加工、销售等问题与合作社负责人交流，"合作社石磨香油、花生油、豆油原料等严格把关，质量非常好，但是产品品牌的影响力亟须提高"。

在郓城挂职三年，樊庆琦感慨良多，他认为："一产要标准化种植，让农民掌握最新的主推品种和有效技术；二产要做强精深加工，让产品附加值留在郓城这片沃土；三产要培植社会化服务，盘活新型经营主体资产，实现一、二、三产融合高质量发展，打好粮、出好彩，构建线上直播带货新业态，擦亮'好郓来'区域公用品牌。"

作为粮油（小麦）产业链链长的崔太昌更是信心满满："我们将以郓城县兰峰种植专业合作社和侯咽集镇粮食加工中心为基点，向郓城全县辐射，指导农民用最好的技术种出最好的粮食，实现粮油全产业链健康发展，为确保粮食安全贡献科技力量。"

二、蔬菜产业链

从种子到餐桌　为百姓添"菜"

在郓城县南赵楼镇甄庄村，占地2 000亩的绿禾农业产业园内，连片的大棚一眼看不到头。休闲采摘区、智能育苗区、蔬菜种植区、科研示范区、有机肥生产区……各个区域的工作井然有序地开展。

这里便是山东省蔬菜产业链科研人员帮扶的一处企业。

郓城县位于黄河下游，境内均为黄土覆盖的冲积平原，地势平坦，土层深厚，自然禀赋良好，具有发展劳动密集型蔬菜产业的基础和条件。但是郓城县蔬菜产业发展相对滞后，存在着种植面积小、品种单一、设施不足等问题，亟待解决。

山东省农业科学院蔬菜产业链科研人员来到郓城后，深入生产一线调研，找准产业发展痛点、堵点，聚焦郓城蔬菜产业面临的龙头企业少、种植规模小、蔬菜品种少、产品附加值低等突出问题，按照蔬菜全产业链发展思路，坚持"延链、补链、强链"原则，从品种引进、技术推广、病虫害防控、设施环境、深加工等环节着力补齐产业链短板，取得良好效果。

龙头带动，蔬菜插上"科技翅膀"

2020年山东省农业科学院蔬菜团队来到郓城，成立了以蔬菜研究所所长为"链长"的服务团队，以做大做强农业龙头企业为抓手，充分发挥企业辐射带动作用，促进全县蔬菜产业提质增效，转型升级。

在张营街道百蔬园蔬菜大棚内，工人们正在忙着采收番茄，一派欣欣向荣的热闹景象。一筐筐红彤彤的番茄经过分拣、包装后，销往全国各地大中小城市，产品供不应求。

百蔬园总经理刘强，原来是北京一家农业公司的高管，2016年响应政府号召回乡创业。他流转了2 000余亩土地，发起成立了郓城县百蔬园果蔬种植专业合作社，建造大棚，总投资5 000多万元。山东省农业科学院选派蔬菜研究所吕宏君博士脱产驻扎在百蔬园生产基地，从种苗、栽培、加工、销售等各个环节进行全方位指导。采用蔬菜规范化栽培、施用新型有机肥料、病虫害无害化控制等技术措施，进行标准化生产，这里现已发展成为鲁西南地区最大的绿色蔬菜种植基地之一。

刘强介绍，公司通过土地流转、入股、托管等方式，采用"公司＋合作社＋基地＋贫困户"的运营模式，带领周边村民大力发展绿色蔬菜种植，实行规范化生产、标准化种植、产业化发展。基地采摘高峰期，日产优质番茄100多吨，辐射带动周边20余个村600余名劳动力在家门口就业，人均年增收2万多元。2021年，张营番茄被评为全国名特优新农产品。

科技引领，瓜果"华丽转身"

在郭屯镇魏楼生态农业园内，采用了专家提供的"富硒"高效栽培技术，大棚里的樱桃、西瓜、甜瓜"华丽变身"为富硒产品，身价倍增，成了市场上的抢手货。

2020年，作为郓城县特色种植养殖重点镇的郭屯镇，开始成为山东省农业科学院蔬菜团队的"主战场"，山东省农业科学院先后选派李志鹏、孙凯宁、刘波三位专家前来郭屯镇担任第一镇长。

魏楼村，有着良好的果蔬种植基础，正好契合蔬菜团队提出的"围绕农业产业链整合和价值链提升，培育壮大成长性好、附加值高、引领性强的农业新业态"理念。蔬菜团队不但积极打造樱桃、桃、西瓜、甜瓜绿色品牌，还通过自动化施肥、灌溉、控温设备，助力魏楼生态农业园走上了"智慧"之路。

在瓜果飘香的大棚里，村民张体存脸上堆满了笑容，兴奋地说："山东省农业科学院的专家指导我试用了富硒技术，甜瓜、西瓜产品质量好、价格高，消费者都抢着要。这周边产业园里，还有五六百亩樱桃、桃树，如果都用上这技术，很快就会产出樱桃、桃的富硒产品，到时候还不都成了香饽饽啊？"

每逢蔬菜生产的关键时节，蔬菜团队的专家就会从济南赶到侯咽集镇八里湾村，向种植户详细讲解种植关键技术，答疑解惑。目前，八里湾村日光温室、大小拱棚已发展到700余个，形成了占地1 600余亩的规模化蔬菜生产基地，旺季蔬菜成交量超过50吨，产品远销周边十多个市县。八里湾村蔬菜种植合作社已发展社员300余人，在八里湾村的影响下，周边1 500多户村民纷纷建大棚种起了蔬菜。通过种植蔬菜，八里湾及其周边村民的腰包鼓了起来。

创新种植模式，增产又增收

在随官屯镇王庄村王明山的蔬菜基地里，盛夏时节播种的大白菜喜获丰收。王明山从地里拔出一棵大白菜，高兴地说："没想到夏天能种出大白菜来，而且还长得这么好！"

王明山说的大白菜，是蔬菜研究所最新育成的早熟大白菜品种鲁夏秋55。蔬菜研究所研究员赵智中介绍，利用短季青储玉米和冬小麦之间的短暂空闲时间，种植"鲁夏秋55"，可以借助其生长期短、充心快、丰产、抗病、夏秋兼用的优点，充分发挥郓城光热资源充足、土壤肥沃、降雨充沛的天然优势，形成"小麦＋玉米＋大白菜"一年三茬种植新模式。采用这一模式提高了土地复种指数，通过打造粮、菜种植示范基地，带动当地及周边乡镇种植业提质升级，实现农民增收致富。

据了解，鲁夏秋55可以提早在7月底播种，10月初收获上市，此时正赶上蔬菜淡季，蔬菜价格高。而且该品种耐热抗病，结球性好，每亩产量可达4 000～5 000千克，经济效益十分可观。

从种子到餐桌，"舌尖上跳跃的幸福"

在南赵楼镇甄庄村北，连片的大棚一眼望不到头，这里就是占地2 000多亩的绿禾农业产业园。

蔬菜研究所的"所长样板工程"也落户于此。这项工程致力于打造蔬菜全产业链，从一粒饱满的种子，到田间枝头金黄的果实，再到百姓餐桌上的美味佳肴；从种植、生产、加工，到运输，最后流通成为货架上琳琅满目的农产品。

蔬菜研究所先后为产业园引进了黄金白菜、牛奶草莓、口感番茄、鲁厚甜甜瓜、冬灵48号黄瓜等一大批蔬菜优良新品种，配套建立了标准化栽培技术体系。同时，科研人员为产业园建设了潮汐水培系统，助其实现蔬菜现代化、工厂化生产。此外，结合产业园内育苗室、恒温库、烘干房等设施，蔬菜研究所不断加持现代技术，提升企业育苗过程的机械化、标准化以及蔬菜采后的储藏、加工水平，形成从种子、种苗到栽培、加工、储藏的长链条。

针对产业园内的观光采摘园，山东省农业科学院注入科普、文化和品牌内涵，进一步提升产业园的科学性、趣味性、高端性，逐渐解决了绿禾农业产业园优良品种少、种苗质量差、地方品牌影响力低等生产问题，还推动产业园建成了集科研开发、农耕文化、生态环境、农业科普、观光旅游、种植采摘、教育研学等为一体的现代化科技农业产业园。

近年来，在甄庄村党支部书记张庆涛的带领下，产业园投资建设了郓城县智能化中央厨房，在山东省农业科学院的技术加持和指导下，先后出品了营养配餐、净菜、预制菜等多品类产品。

张庆涛介绍说："每天早上，产业园里收获的蔬菜会被运送到餐饮公司，通过中央厨房加工制作成各种营养配餐，送往老百姓的餐桌上。"

自 2020 年中央厨房成功运营以来，绿禾农业产业园基地的绿色蔬菜，就持续加工成各种配菜、食品、套餐、营养餐送到学校、医院、大型商场、机关、酒店及百姓餐桌。不仅有效消化了当地的蔬菜农产品，而且建立了"从种子到餐桌"的蔬菜全产业链条，提升了农产品的附加值，大大增加了人们的幸福感，推动了一、二、三产业的深度融合发展。

既要头雁领航，也要群雁齐飞

蔬菜团队依照"技能提升＋成果推广"的乡村振兴人才培养理念，在郓城县举办蔬菜高效栽培技术培训会、新品种观摩会等 20 余期，培训致富带头人、种植大户 3 200 余人，为推进乡村产业振兴按下"快进键"。

依照高素质农民培养就地取"才"原则，蔬菜团队加大对农民的培训力度，尤其是对特色产业种植大户、农民合作社和集体经济组织带头人的培训。他们邀请专家上门授课，引导农民科学种植，发展高效农作物，以果蔬产业为发展主线，提升种植质量，扩大种植规模，发展深加工，延伸产业链，积极申创绿色、无公害品牌，推动特色产业可持续发展，带动农民增收。

2020 年以来，通过蔬菜团队的助力，郓城特色农业产业发展以及高素质农民人才队伍得到了不断充实与壮大。在科技人才引领下，蔬菜种植面积达到了 20 多万亩，形成了四大蔬菜基地，即以侯咽集、张营、随官屯为中心的设施黄瓜、番茄种植基地，以唐塔街道庞园茄子、三义村芹菜、郭颜庄西瓜为代表的大拱棚蔬菜种植基地，以南赵楼镇甄庄为中心的蔬菜种苗繁育和蔬菜深加工基地，以郭屯镇辛庄、邵集、魏庄为中心的黄秋葵、西蓝花、大葱、辣椒等露地蔬菜种植基地。

　　"下一步，我们将以郓城蔬菜龙头企业为重点，充分发挥示范带动作用，以点带面，形成更多的蔬菜种植特色村、重点镇。联合兄弟单位，着力推进蔬菜产业强链、补链，促进郓城蔬菜产业健康稳定发展，为打造科技引领型乡村振兴齐鲁样板贡献力量。"蔬菜研究所首席专家孙日飞说。

三、畜牧产业链

多链融合　肉牛养殖效益增两成

肉牛产业链是山东省农业科学院在郓城县重点打造的特色农业产业链之一。围绕郓城县肉牛产业发展，聚集了饲料研发、废弃物处理及资源化利用、食品加工等14位链上专家，共同为"链主"企业山东雁泽源牧业有限公司把脉问诊。

"从实验室的'象牙塔'走到生产一线，把学问做到田间地头，才真正找到了感觉。"畜牧兽医研究所姜富贵感慨道。

郓城是畜牧大县，是鲁西牛、小尾寒羊和青山羊的主产地，我国中原肉牛、肉羊优势区域的重要县之一，先后拿下了"生猪调出大县""全国优质小尾寒羊中心保种基地县""首批秸秆养羊示范县"等六块金字招牌。如何在郓城县肉牛产业发展的基础上，实现产业转型升级是摆在专家们面前的一道难题。

2021年8月，肉牛遗传育种与饲养创新团队的姜富贵博士，积极响应院党委"科研人才都应该到生产主战场上去"的号召，主动请缨到郓城县唐庙镇挂职第一镇长。

"肉牛产业是我们镇的优势特色产业。平时我们很难接触到省里的专家，姜博士一定要把山东省农业科学院的专家、技术带到唐庙镇，帮助我们发展肉牛产业。"两人见面时，唐庙镇党委书记禚来涛对姜富贵说。

姜富贵上任第一镇长之后，对郓城县肉牛产业现状进行了调研，归纳出郓城肉牛产业的主要问题：一是产业链条单一、不健全，以短期育肥为主，缺少饲料生产、屠宰加工等环节，产业带动农民增收和抵御市场风险的能力弱，经济效益低；二是农作物秸秆饲料化利用率低，秸秆以粉碎直接还田方式为主，过量还田引发农作物病虫害和减产，未实现"秸秆变肉"；三是鲁西牛种质资源保护不足，作为我国五大优良地方黄牛品种之一，存栏数量锐减，处于濒危状况，良种肉牛冻精推广不足，肉牛个体生产水平低；四是饲养管理方式粗放，精细化管理与机械化水平低，高效精准饲喂技术体系不健全，养殖效益低；五是轻简化粪污资源化利用技术推广不足，缺少可复制、可推广的种养结合典型模式；六是鲁西牛特色品牌建设滞后，产品宣传的广度、深度不足，未形成区域特色资源优势。

针对肉牛产业存在的问题，郓城畜牧产业链链长吴家强组织专家进行研讨，最终确定了"延链、补链、强链"的全产业链发展思路，协调4个研究所的6个创新团队，明确分工，对产业链各区块段提供技术支撑。

"一定要认真落实院党委的战略部署，集聚人才、技术、项目等资源要素，强化科技支撑，助推郓城畜牧业高质量发展，打造乡村振兴科技引领型齐鲁样板，促进郓城县'六率''两化''两收入'的明显提升，助力乡村振兴。"链长吴家强对参与郓城肉牛产业链建设的专家们提出明确要求。

2021年9月，畜牧兽医研究所副所长刘桂芬带领专家团队，先后到唐庙、黄安、程屯、郭屯等肉牛养殖大镇的养殖场（户）和企业实地考察，线上引入"舜耕科技一键帮"专家服务平台，实现农业问题一键答、专家在线不打烊；线下成立"农科专家工作室""产业链链长工作室"，共16名专家入驻工作室。

"成立'农科专家工作室'，把山东省农业科学院的专家请进来，老百姓在家门口就能找到专家，学到技术，最终把唐庙镇肉牛产业做大做强，以产业振兴引领乡村振兴。"禚来涛展望未来，激动地说。

按照全产业链发展的思路，聚焦延链、补链、强链，专家们制定了打造"饲草种植—饲料加工—良种繁育—规模化养殖—屠宰加工—废弃物处理"种养结合生态循环模式的实施方案，随后，便开始了紧锣密鼓的技术帮扶工作。

在饲草种植环节，引进鲁单818、金岭青贮17、豫青贮23等高产优质青贮专用玉米品种，落地高效种植技术，生物学产量提高50%，青贮饲料降低成本240元/吨。集成饲草机械收获、饲草转运装载、打捆包膜、草捆装卸转运等技术，建立并推广饲草收、贮、运一体化技术体系。研发高效青贮饲料添加剂，推广优质饲草青贮生产技术，干物质损失降低5%以上，每吨降低损失120元。

在饲料生产环节，开发地源性饲料资源，推广玉米豆粕减量技术，采用小麦次粉、米糠、玉米胚芽粕替代玉米，采用菜籽粕、谷氨酸渣、棕榈粕替代豆粕，降低精补料饲喂成本11.5%；推广发酵饲料生产技术，降低饲料抗营养因子和霉菌毒素，提高适口性和安全性，饲料消化率提高5%以上，同时降低粪便臭味及有害气体排放；推广专用高效复合微生物菌剂，大大降低发酵饲料的生产成本。

在良种繁育环节，利用 MOET 和 OPU-IVP 技术体系，快速扩繁鲁西牛群体；引进山东省农业科学院选育的优秀西门塔尔种公牛冻精，推广同期发情、人工授精、犊牛早期断奶饲养技术，繁殖成活率提高 5% 以上，产犊间隔缩短至 380 天。

在规模化育肥环节，推广使用青贮取料机、TMR 日粮搅拌机、自动清粪车等机械，减少人力、提高工作效率，推进肉牛养殖向规模化、集约化和现代化方向发展；牛只按照体重和月龄进行分群，研制低成本日粮配方，推广分阶段精准饲喂技术，整个育肥周期饲喂成本每头降低 1 000 元；推广功能性饲料添加剂，利用辣椒素、米曲霉培养物等功能性添加剂调控瘤胃发酵模式和微生物区系，降低育肥后期亚急性瘤胃酸中毒的风险，同时提高生产性能。

在屠宰加工环节，制定科学的肉牛宰前管理规范，推广黑切牛肉控制技术，黑切牛肉发生率降低 20% 以上；推广超快速冷却和尸僵前微冻等新型冷却技术，将牛肉嫩度提升 30%；推广牛肉初始微生物减控技术、冰温保鲜和微冻贮藏技术，牛肉的货架期延长至 20 周。

在废弃物处理环节，研发牛粪、农作物秸秆等发酵物料最佳配比技术，筛选微生物菌株并获得高效微生物菌剂，氮损失率降低 15% 以上，发酵时间缩短 5～7 天；优化有机肥生产工艺装备，改善有氧发酵效果，降低生产过程中的能耗和损耗，提高产品产量和质量；集成有机物料好氧发酵技术、臭气高效收集技术等，建立有机肥生产技术体系，年处理畜禽粪便能力达 2 万吨。

此外，专家们举办肉牛全产业链发展研讨会、线上和线下肉牛养殖技术培训会 4 次，累计培训 500 余人次；建设肉牛科普展厅 1 处，组织开展现场观摩、科普宣传和技术推广等活动 10 余次。协助山东雁泽源牧业有限公司申报并被评为"菏泽市农业产业化重点龙头企业"，建设成为山东省农业科学院"乡村振兴示范基地""特色科普基地"；落地山东省农业科学院创新工程项目 3 项，落地经费 50 余万元；协助争取国家"粮改饲"、沿黄肉牛产业集群、黄河流域农业高质量发展等各类项目资金 800 余万元；建立畜牧科企创新联合体 1 个，落地省级工程技术研究中心 3 个，博士工作站 1 个。

"建立科企创新联合体，是加快科技与产业融合发展，实现人才链、创新链和产业链有机融合的创新举措，有利于增强企业的科技创新能力，提高科技成果转移转化成效，为郓城畜牧产业高质量发展提供新动能。"刘桂芬说。

目前，在专家的协同推进下，构建起集"土地流转—饲草种植—饲料加工—良种繁育—规模化育肥—疫病防控—屠宰加工—产品营销—有机肥生产—粪肥定量还田"为一体的全产业链，建立了种养结合绿色生态循环肉牛养殖模式。在"链长制"模式支撑下，郓城肉牛育肥周期饲喂成本每头降低 1 000 元，繁殖成活率提高 5％以上，肉牛产业生产效率提升 20％以上，并且已在郓城 2 万头肉牛养殖中推广应用，产生直接经济效益达 1 亿元以上。

四、家禽产业链

全链条赋能　助推家禽产业高质量发展

"产业是地方经济发展的基础，我们以构建现代化产业体系为抓手，加快提升郓城家禽产业发展水平和竞争力，打造山东省农业科学院蛋鸡智能化养殖基地等一批具有特色优势、有影响力的产业集群、产业基地、领航企业和拳头产品，进一步助力推动地方经济高质量发展。"在谈到家禽产业链的打造时，家禽研究所驻郓城县杨庄集镇挂职第一镇长杨金兴这样说。

郓城县是传统畜牧养殖大县，近年来，郓城大力实施畜牧兴郓战略，把畜牧业作为发展农村经济的重中之重。山东省农业科学院驻郓城家禽产业链团队以当地产业发展需求为导向，通过"强链、延链、补链"等措施，推进郓城家禽产业实现高质量发展，凝练出可复制、可推广的产业模式，助推郓城家禽产业高质量发展。

打造产业标杆，示范引领高质量发展

郓城县年存栏蛋鸡约 520 万羽，年出栏肉禽约 1 500 万羽。其中蛋鸡饲养发展较慢，大多以传统饲养模式为主，饲养量不足万只的饲养户比例在 60% 以上。刚一到郓城，家禽产业链的成员们便对全县的禽蛋企业进行走访调研，鸡舍简陋，饲养管理粗放，生产效益低，可以说已不符合蛋鸡产业的发展要求。面对这些突出而尖锐的问题和落后的产业现状，家禽团队决定在郓城县打造家禽产业链，从禽蛋全产业链源头建立标准，打造标杆，形成可复制、可推广模式。

按照产业链建设规划，由家禽研究所党委书记担任产业链链长，实行链长负责制，制定了链长制议事协调体系、工作推进体系、支撑服务体系和决策咨询体系等链长制工作体系；成立由家禽育种、家禽养殖、家禽营养与环境控制、禽病诊断和新兽药研发等方面有丰富经验的科研骨干组成的专家服务队，为产业链各环节提供全方位技术支撑。

郓城县诚敬和养殖场是一座拥有 4 栋鸡舍的中等规模蛋鸡养殖场，因养殖

管理理念落后，引进的自动给料、供水、换气、照明、清粪等一系列自动化设施设备不能正常运转，导致生产效益低下。

专家服务队驻点人员为郓城县诚敬和养殖场进行诊断把脉，快速补齐养殖场的技术短板。先后指导企业安装了舍内自动捡蛋线、舍内消毒线，在养殖场的大门口建设消毒通道；针对养殖场提出的高峰期蛋鸡产蛋率偏低、破蛋多等问题制定出解决方案；对饲料加工区进行布局规划；对鸡舍生物安全风险、鸡群疫病的防控措施等有针对性提出改进意见。

经过一年多的改进和调整，鸡舍环境实现了数字化智能化控制，传统的人工拣蛋也实现了自动化。产下的鸡蛋经过传输带传送至蛋库房，就开始了"自动拣蛋"，工人只需要分拣、装筐即可。推动企业转型升级为智能化、机械化、自动化、规模化、精细化发展，楼宇式、层叠式笼养现代养殖模式，年育雏能力 8 万羽，常年存栏产蛋鸡 12 万羽，年产无公害鲜鸡蛋 2 500 吨，经济效益可观。

郓城县诚敬和养殖场也成为郓城家禽产业链现代智慧化的蛋鸡养殖示范场，带动和辐射周边乡镇蛋鸡养殖场，进一步促进郓城县蛋鸡产业的发展。

延链—补链—强链，护航产业可持续发展

"到底是先有鸡还是先有蛋？"在郓城山东省农业科学院蛋鸡智能化养殖基地和硕宇集团蛋鸡文化科普教育基地，你能找答案。该基地是山东省农业科学院郓城指挥部和山东硕宇生物科技集团有限公司共同打造的蛋鸡产业新技术、新模式、新产业推广示范基地。

基地主要是蛋鸡智能化生态养殖与种养结合示范区。养殖区主要包括饲料加工区、育雏育成区、产蛋区和鸡粪无害化处理区，占地 80 余亩。饲料加工区建设有年产 10 万吨的专业化饲料厂，育雏育成区年培育 60 万羽青年鸡，产蛋区可存栏蛋鸡 60 万羽。鸡场配备自动喂料、饮水、集蛋和智能环控等系统，采用智能化生态养殖、粪污资源化利用、高附加值鸡蛋生产等先进技术，实现智能化生态养殖。鸡粪无害化处理区配备 1 座太阳能有机肥车间，年产有机肥 15 000 吨，除满足自身需要外，还可满足周边方圆 10 千米畜禽养殖户粪污处理需求，养殖场为养殖基地周边 15 个村庄村民提供就业岗位 60 个，村集体保底收入 109 万元，粪污集中处理场带动周边村庄 20 人就业，经济效益和社会效益显著。种养结合区流转部分土地，用于中草药种植，采用种养结合模式循

环发展，实现零污染、零排放。建成集智能养殖、示范、推广、培训为一体的现代化科技创新示范基地，为菏泽地区蛋鸡健康养殖持续发展提供技术支撑。

在蛋鸡文化科普教育基地，不仅可以了解到蛋鸡养殖的发展历程、鸡的起源和文化、鸡的种类、现代化养殖条件下鸡的生活史、鸡的身体结构和营养价值，还能学习到蛋鸡文化和现代养殖科学有关知识，树立对鸡蛋营养的正确认知，像散养鸡蛋比笼养鸡蛋更有营养、吃蛋黄容易胆固醇高等错误的认知在这里都得到了科普。

蛋鸡文化科普教育基地二期工程正在建设中，后续将成为集科普教育、技术示范、人才培养和参观游览于一体的现代化示范基地。

此外，为更好地保障郓城家禽产业长效健康发展、延伸产业链，除了扶持打造家禽产业生产高地，家禽产业链科研人员还对接山东鑫德慧生物科技有限公司，作为产业链重要一环，补齐产业链短板，提升家禽养殖业的价值链。2022 年 9 月，家禽研究所把山东鑫德慧生物科技有限公司确定为所长样板工程"替抗新兽药创制样板工程"实施主体单位。

山东鑫德慧生物科技公司是山东省新旧动能转换优选企业，其生物医药生产线项目是省级重点项目。家禽研究所与山东鑫德慧生物科技有限公司联合打造科企创新联合体，在公司成立链长工作室、所长样板工程专家工作室、博士工作站。家禽研究所专家在企业挂职科技副总和所长样板工程执行专家，协助企业完成实验室建设，优化产品结构、生产工艺，对企业发展规划提出可行性方案；协助企业于 2022 年 6 月份通过 GMP 验收，并取得兽药 GMP 证书；申报兽药批准文号 30 个，其中中兽药批准文号 10 个；组织开展 GMP 车间管理、生产管理、质量检测、禽病防治等技术培训，提升企业管理、产品研发能力和企业员工的整体素质，为公司中兽药产业发展注入新的、强大的内生动力，为畜禽健康发展和食品安全保驾护航。

此外，还结合硕宇生物科技集团有限公司创新开设"禽病诊断门诊"，充实门诊设备配置，指导和培训技术人员。组织门诊团队不定期到山东省农业科学院相关团队实验室进行现场学习，提升他们的禽病诊断门诊综合服务能力。同时为郓城县家禽产业链提供技术保障，夯实家禽产业链可持续发展的基石。

三年来，家禽产业链团队在郓城县共推广实施新技术 20 余项、落地项目 15 项、落地资金 1 800 余万元、培训各类人才 1 000 余人次。今后，家禽产业链将按照科技支撑、绿色发展、安全可控的原则，致力于打造融合"养殖、加工、兽药、诊断、科普"于一体的一、二、三产融合发展模式，因地制宜、精准施策，促进全环节提升、全链条增值，助力郓城成为科技引领型乡村振兴的齐鲁样板。

五、葡萄产业链

葡萄"阳光闪耀"　产业生机勃勃

"十亩粮食田不如一亩好果园，但要有好果园得有'技术员'！"郓城县唐庙镇胡庄村党支部书记胡宣峰感慨道，多亏了"技术员陈总"才让自己兑现对村里的"军令状"。

胡宣峰口中的"技术员陈总"，就是山东省农业科学院第一批郓城非脱产挂职增派人员陈迎春，现挂职胡庄村宣峰果蔬土地股份专业合作社技术副总。

葡萄好吃果难管，技术加持助增收

2019年，胡宣峰带领村干部和村民经过多次外出考察了解到，阳光玫瑰是鲜食葡萄产业的划时代品种，甜香味美、经济效益高，价格一度高达上百元一斤。为了带动村民致富增收，决定采取党支部领办合作社的模式，利用省派第一书记帮包村资金，在村里建设一座葡萄园，种植阳光玫瑰，并成立了郓城县宣峰果蔬土地股份专业合作社，壮大村集体经济的同时，带领乡亲们一起致富。

为了让村民们安心，村党支部书记胡宣峰立下"军令状"："赚了钱是大家的。如果有损失，我们承担。"胡宣峰的话掷地有声。

葡萄种植后，村民像对待自己孩子一样"精心呵护"，大力施肥、大水浇灌，生怕"孩子"饿着。到了第二年，大家很快发现，葡萄叶子和树干满天长，且葡萄枝梢长势"千姿百态"，有下垂的，有朝天的，但就是"不愿意"结果。

看着偌大的葡萄园里稀稀疏疏挂着的几串葡萄，没有任何效益，很多人便打起了退堂鼓，认为本村土地不适合种植葡萄，部分种植户更是砍掉葡萄树，退出集体土地承包，放弃前期所有投入。

"阳光玫瑰葡萄好吃，果难管。"村民们哪里知道，葡萄是需要精细化栽培的果树，高品质的阳光玫瑰更对花果管理等技术要求极为苛刻。而他们以前从未接触过葡萄种植，对种植技术也不了解，更别说高标准、精细化栽培了。

"春季忙栽树、秋季忙砍树"的失败过程深深刺痛着种植户的心，更让胡宣峰做了难。

2020 年 8 月，山东省农业科学院来到了郓城，了解到胡庄村的情况后非常重视，派出专家团队到胡庄村现场"会诊"。葡萄产业链链长、山东省葡萄研究院院长李勃对胡庄葡萄进行了全方位调研后发现，胡庄葡萄主要存在全产业链管理的问题，包括枝梢修剪、花果管理、水肥使用、病虫害防控，及品牌打造与产业融合等。

针对上述问题，李勃多次深入田间地头，为农民讲解阳光玫瑰葡萄种植中遇到的新建园管理技术、病虫害防控、花果管理等关键技术，让科学技术打破村民传统思维。同时，又组织党员和群众代表驱车到省内及安徽、河南等阳光玫瑰葡萄种植基地实地考察，让"眼见为实"的铁证占领村民思想主阵地。

为了让种植户能放心发展葡萄产业，葡萄研究院选派葡萄栽培专家陈迎春驻村。在葡萄关键生长期，她蹲在村里，与村民同吃同住、同劳动，手把手给果农示范、传授高效绿色栽培技术，包括高光效树形、病虫害绿色防治、花果精细化管理、精准水肥管理技术等。

陈迎春还重点围绕标准化管理技术、病虫害绿色防控、精准水肥管理等方面进行葡萄园栽培管理技术提升，制定管理年历，统一技术标准。

在提质增效的同时，陈迎春还指导尽量减少激素和农药的使用，果品的安全性得到有力提升。与传统产区相比，用药次数及用药量减少 40%，病害管理劳动成本节约 30% 以上。

功夫不负有心人。在科学技术的引领下，效果立竿见影，胡庄村的葡萄种植户终于见到了收益，亩产达到 1 250～1 500 千克，优质果率、商品果率大幅提升。"这葡萄是农历八月十五前后上市，285 亩葡萄，一千克能卖 20～30 元，也就是说，每亩地能带来 3 万元的收益。"胡宣峰喜极而泣，和村民一起感叹科技力量的强大。

胡庄村的葡萄从"无花无果"到亩产 1 500 千克，葡萄的丰收，让种植户的心更稳了，村支书对百姓的承诺终于兑现了。

科技赋能，打造葡萄产业发展样板

葡萄丰收了，种植户振奋了，陈迎春也更有动力了。她知道，葡萄是高效特色产业，种植葡萄是促进农村经济发展、增加农民收入的重要途径。陈迎春按照"葡萄产业链"规划，结合生态种植环境与风土人情，与团队成员联合为合作社量身定制了"科技引领＋合作社＋特色文化"有机融合的发展方案，想从根本上彻底解决胡庄村的葡萄产业发展难题，打造胡庄村葡萄产业发展标杆，服务全县葡萄产业高质高效发展。

葡萄是季节性水果，"扎堆"上市易掉价是合作社最担心的问题。对此，陈迎春结合科研工作把解决葡萄延迟成熟问题申报了葡萄研究院科研专项，用于开展阳光玫瑰葡萄延后成熟关键技术研究，把试验田搬到了胡庄村。胡庄葡萄园区成了阳光玫瑰葡萄栽培技术示范、技术研究以及引领山东省葡萄产业高质量发展的样板。同时，还协助合作社建设冷藏保鲜库，将葡萄进行错季销售，解决了葡萄季节性过剩的问题。

为进一步提高村民的收益，陈迎春联合山东省农业科学院农业质量标准与检测技术研究所、休闲农业研究所，向农业农村部申请"全国名特优新农产品"，协助合作社注册了"绿源晶"商标。统一技术标准、统一商品标准、统一供货渠道，从"卖葡萄"向"卖标准""卖品牌"转变。

葡萄效益好，山东省农业科学院专家的葡萄种植技术也得到了胡庄村民的认可，大家种植葡萄的积极性空前高涨。2022 年，胡庄葡萄进一步扩种，高标准建园面积达到 300 余亩。

胡庄村村民胡元辉身患二级残疾，平时无法正常站立。在看到村里集中种植阳光玫瑰葡萄后，他也在自家的地里种起了葡萄。"以前十亩麦子的收入，不如现在一亩葡萄的收入。"胡元辉兴奋地说。由身体原因，葡萄园都是他爱人打理，他负责网络直播销售，联系超市。"我经常向陈迎春老师请教种植问题，每次她都是毫无保留地教给我。今年我家葡萄园一亩地的纯收入能达到一万多元！农科院不仅技术好，专家更好！"胡元辉竖起大拇指。

马庄村村民刘明霞也说："今年种植葡萄有收益了，秋季的基肥我又增加了几吨投入。用好的有机肥，才能结出好的果实，投入高，收入就高，有农科院的专家在，不怕收成不好。"

陈迎春信心十足地说："这些技术的应用，能够确保 2021 年商品果率由 60％提高到 90％。按优质果市场价每千克 20～30 元计算，每亩收入 3 万～4.5 万元。"2022 年每亩收入达到了 10 万元，切切实实让村民们看到了效益，得到了实惠。

强链—补链—延链，做强全产业链

为了增强、延长产业链，山东省葡萄科学研究院、信息与经济研究所及休闲农业研究所联合，通过"互联网＋农业科技综合服务"深度融合，加强互联网、物联网、云计算、大数据等信息化技术示范与应用，推进了水肥一体化、智能农机装备、智慧气象观测、病虫害监控等技术装备进园，打造了高效、智能、精准、绿色的葡萄智慧农业示范园。三家科研院所联合，以本地阳光玫瑰、巨峰两个品种为原料，开发适宜品种特性的具有产业规模的果酒产品，解决残次果、非商品果的利用问题，提高农产品附加值。

"这葡萄是博士带着种的，也算是'有文化'的葡萄吧。"胡元辉看着自家的葡萄田说。

2021年，胡庄村举办了首届葡萄文化节，发展观光、休闲、旅游、研学、采摘多形态农业，将园区变成景区、产品变成礼品、民房变成民宿，打造村庄葡萄特色文化，建设葡萄科普观光路线和胡庄葡萄科普基地，赋予了"小葡萄"更多的文化内涵，实现了经济效益、生态效益和社会效益的有机融合。

合作社的葡萄远近闻名，已销往青岛、北京、上海、合肥等大中型城市。但同时种植户的担心也来了，挂职结束后专家走了，合作社再遇到技术难题该咋办？

山东省农业科学院的科研人员也在思考，胡庄村的葡萄产业要实现可持续发展，必须得培养一支留下来的工作队。为加快葡萄新品种、新技术、新模式等科技成果的推广应用，葡萄产业链团队增派吴玉森博士前往胡庄村脱产挂职，增派专家王显苏挂职唐庙镇第一镇长，手把手传授技术，开展技术培训和现场观摩会30余场，为合作社葡萄产业全面升级储备了大批人才。同时院党委也鼓励科研人员通过资金入股、技术入股、品种权入股等多种形式，参与涉农企业、种养大户、专业合作社等新型农业经营主体的经济活动，按照一定比例参与盈利分红，同时共担风险。

2021年9月，陈迎春与胡庄村宣峰果蔬合作社结成利益共享、风险共担的"利益共同体"，科技特派员也成了种植户的"合伙人"。如今，胡庄村的葡萄种植面积又扩大一倍，小葡萄最终做成了大产业。

六、果树产业链

打造现代标准化果园　建园当年有收益

低矮的果树种植在一排排水泥立柱和钢丝构筑的密集空间里，像排列整齐的练兵场，能丰产吗？如果你有此怀疑，可以到山东省农业科学院郓城科技示范园近距离感受一下现代标准化果园建设，这是在郓城历史上没有过的种植模式，也是果树研究所在郓城打造的"所长样板工程"。该座现代果园实现了"当年建园、当年结果、当年收益"的目标。

应所需，打造郓城第一处现代标准化果园

2022年，山东省农业科学院院党委部署了"所长样板工程"。

郓城县张营街道刘一村，位于郓城县张营街道东3千米处，东临赵王河畔，水利条件优越，土壤肥沃，是优质苹果、梨种植发展的理想地区。刘一村村委一直想利用本村肥沃土壤发展果树，增加村民和集体收入，但是由于缺乏果树种植技术和果园管理经验，一直没有栽种成功。

伴随"所长样板工程"的实施，果树研究所专家们来到刘一村。看着村两委班子成员和村民们期待的眼神，果树研究所经过调研后决定结合刘一村产业实际打造现代标准化果园。

"果园是土地、技术、人力等众多要素的载体，建设示范性果园对群众的辐射带动效应事半功倍。"说干就干，果树研究所结合山东省农业科学院郓城科技示范园建设项目，对示范园苹果和梨展示区的地理环境、土壤条件、灌溉条件等进行了细致调研，制定出果园高标准建设方案。

园区前期投入156万元，引入了意大利预应力水泥立柱技术，购入水泥立柱425根，热镀锌钢绞线6 000米，热镀锌钢丝4 000米，预应力水泥立柱耐腐蚀、30年不风化，安装后能够帮助果树直立生长、防止倒伏，为后期安装防鸟网、防保网打下坚实的基础。同时，园区应用集成了天空地一体化智能感知、智能虫情测报、水肥一体化、行间生草等先进技术。

引成果，示范引领做给农民看

一方水土养一方人，苹果也一样。在湿润多雨的胶东地区，可以选种晚熟的富士苹果，但在郓城，由于物候期比较早，夏季干燥高温，昼夜温差小，一直没有太好的本地苹果品种。在现代标准化果园筹建期，果树研究所经过多方研究探讨，决定引进明星产品三年生带分枝鲁丽品种大苗建园。

鲁丽苹果是果树研究所自主培育的品种，曾在全国创下了单个品种 1 000 万元的转让记录。这个近年来非常火的品种，具有"早熟、抗病、耐储、优质、丰产、免套袋"的显著优点，综合性状优良，适应能力强的鲁丽苹果尤其适宜郓城气候条件。鲁丽苹果的引进，也填补了郓城早熟上市苹果的空档。

引进新品种，需及时配套新技术。果树研究所采用符合国际苹果栽培发展趋势的集约化矮砧密植宽行起垄覆盖栽培模式，并根据栽培园地的自然条件、品种及砧木种类，精心配置栽培品种、栽植密度和授粉树，装备水肥一体化、智慧化信息采集系统等，建立标准化、轻简化、宜机化鲁丽苹果现代化示范园，种植营养钵大苗，当年结果当年形成产量，达到了早花早果、优质丰产、省力省工的目的，从而更好地形成示范引领效应。应用该模式，当年亩产 150 千克左右，亩收益近千元；预计第二年亩产可达 1 000 千克左右，第 3 年即可丰产，亩产可达 2 000 千克。

果园生草，好处真不少。"果园种草？我们都不敢相信自己的耳朵。"刘一村的果农们纷纷议论，"往年我们都在想办法如何清耕除草，而果树专家却要求我们在果园行间都种上一种叫长矛野豌豆的草。虽然大家不情愿地接受了专家建议，种上了这种植物，但心里都带有疑惑。"

转眼 4 个月过去了，看到果园里长满绿油油、厚厚的草，果农们露出了开心的笑容，因为现在已经是寒冬了。而这些果树专家特意种的草，主要是为了以草养地，蓄养水源，提高土壤墒情，腐烂之后，增加土壤的有机质，增加自然肥力，减少施肥，减少除草剂的使用，节约成本，绿化美化果园，改善农业生态环境。

农农联合，全力开创现代果园新样板

现代标准化果园建设是果树研究所贯彻落实山东省农业科学院所长样板工程的重要体现。果树专家"走出去"的同时，山东省农业科学院各兄弟院所也

给予大力支持。另外，果树研究所多次邀请山东农业大学生物药物、植物保护和土壤改良等领域的专家，在果树生长的关键期举办专题讲座、进行现场指导或者视频咨询 70 多场（次），共计培训果树种植户、种植企业负责人、技术人员 9 000 多人，培养基层技术骨干 100 多人。

现代标准化果园的示范引领，促使苹果新品种在郓城覆盖率达 60%、新技术到位率 100%、节水 40%、施肥用药节省 20%、土地产出率翻倍、劳动生产率提高 30%。吸引周边近 7 000 名果农参观学习，辐射郓城 1 万余亩果树，增产增效达 2 000 万元。打造的"高投入、高产出、早受益"的现代标准化果园，既有"看头"，又有"说头"，有力助推了郓城乃至鲁西南地区果树产业提质增效和可持续发展。

七、花卉产业链

花开富贵　绘就乡村振兴美丽画卷

隆冬时节，北方的室外一片萧瑟，但在郓城县阳光花卉有限公司与山东省农业科学院共同打造的种植示范区内，五颜六色的鲜花竞相斗艳，花香四溢，花农正忙着剪枝、管护、打包，一派生机勃勃的景象。

三年来，休闲农业研究所花卉团队科研人员立足郓城县花卉产业，积极服务花卉企业，聚力打造"科研院所＋地方政府＋企业＋农户"产学研一体化产业合作模式，实现花卉从品种到技术，从标准化生产到保鲜销售的全链条高质量发展。

新品种新技术，助力花卉产业高效发展

"寻苗难"一直是花卉产业发展中的难题。为推动郓城县花卉产业高质量发展，花卉团队根据郓城气候、销售特点，筛选培育市场前景好、生长管理简单、单位效益高的设施花卉种类，作为推进花卉产业发展的"源头动力"。

花卉团队为郓城县阳光花卉有限公司改良培养基配方、完成组培室环境控制，提供蝴蝶兰病毒苗检测技术，与企业联合开展蝴蝶兰新品种选育。

经过一年多的努力，结合企业实际生产规模和产业需求，双方共同开发筛选出具有市场发展潜力的蝴蝶兰新品种"鲁卉斑马"。这个品种具有抗病性强、花色靓丽、不易褪色等特点，造型线条优美，花序排列佳，具有较强的空间立体感，艺术盆组效果尤为突出，具备良好的市场效益。目前该品种已提交到农业农村部植物新品种保护办公室，申请新品种保护。

在坡里何庄示范园主干道景观带，花卉团队开展大丽花秋冬露天栽培试验，首次尝试利用高强度、高透光水晶 PO 膜提高透光及保温效果，建造便捷式拱棚，并在棚内采取开沟引水等农艺措施，达到防风防冻并延长花期的效果，实现切花经济收益每亩 2 000 元。尤其是主干道两旁的大丽花、切花月季与园区内牡丹芍药精品园，交相呼应、次第开花，形成三季有花赏，四季有景拍。花卉种植的新模式、新技术吸引来大批参观考察者及游客。

受 2020 年倒春寒影响，牡丹果荚冻害严重，牡丹籽产量较低，园区内牡丹籽产量不足每亩 25 千克。为保证油用牡丹林下立体种植高产栽培技术在园区内全面示范，花卉团队积极与基地负责人讨论、制定秋播计划，筛选了抗寒性强的植株紧凑型的油菜花品种，尝试开展油用牡丹＋油菜花双花种植模式，沿园区主干道两旁播种 2～3 行油菜，行距 80 厘米，株距 20 厘米。2021 年春天，油菜花、牡丹花双花齐放，提高油用牡丹种植区复种指数，实现一年两熟，增产增收，为园区高效生态农林旅游观光增添了新的亮点。

多措并举，激发花卉产业新活力

花卉团队充分发挥链长制、专家工作室等平台作用，画出花卉产业链工作路线图，制定实施方案。他们积极与当地花卉企业、种植户对接，在做好科技服务与培训的基础上，双方结成利益共同体，共建试验示范基地，联合申请科研项目，持续推动花卉企业创新发展，实现花卉产业提质增效。

针对郓城卓超农业综合开发公司、郓城县阳光花卉有限公司从事观赏凤梨生产的现状，花卉团队协助企业制定种苗繁育方案，提高种苗的一致性和生长势，提升种苗质量，有效降低了花卉企业的种苗成本。

针对当地花卉产业链常见问题和企业的技术难题，并根据农民的生产需求，花卉团队组织相关专家，围绕牡丹、芍药、蝴蝶兰、月季、紫花苜蓿等 14 个花卉品种，梳理总结了 134 个科普问题，并总结成册，免费提供给相关种植户和企业，同时大力开展种植技术科普培训，助力郓城花卉产业标准化生产、持续高效发展。

鲜花销售，消费者最看重的就是一个"鲜"字。花卉团队协助郓城花卉企业利用电商平台拓宽销售渠道，减少周转流程，使鲜花从采收到花瓶的时间缩短到 24 小时。目前，山东兴于农业综合开发有限公司已基本实现玫瑰鲜切花产地直销、电商直达，单支玫瑰花的出售价格比以往批发零售，增收 0.5～1 元。

花卉团队主动办好"农科好郓"乡村夜校，积极组织农科专家代言优质农产品、舜耕科技一键帮、花卉高效栽培技术培训会、农民丰收节花卉成果展、"打通科技进村入户（入企）通道"解放思想大讨论等，将花卉新品种、新成果、新技术、新知识带到企业，带给花农，科技赋能花卉企业，助力企业创新发展，受益群众达到 8 万余人。

"富贵花"变身"致富花"

牡丹是中国特有的木本名贵花卉，花大色艳、富丽端庄、雍容华贵，菏泽素有"曹州牡丹甲天下，天下牡丹出菏泽"的美誉。花卉团队来到郓城调研后，将牡丹作为花卉产业高质量发展的突破点。

牡丹花期集中且短暂，在每年的4月中下旬至5月开放，自然花期错失了春节期间的巨大市场需求。为了提高牡丹的观赏价值和生产效益，花卉团队联合郓城县阳光花卉有限公司，以紫二乔牡丹为催花品种，指导企业采用促成栽培花期调控技术，实现盆栽牡丹在元旦、春节期间盛开，每个牡丹培育大棚年增收20万余元。这一措施不仅为春节增添了浓郁的节日氛围，也成为郓城花农的一条产业致富路。

牡丹、芍药生性喜阴。花卉团队开展观赏牡丹、切花芍药标准化林下种植技术，以及牡丹高效生态群落"药—粮""药—药"间轮作技术研究，探索推广轻简化复合种植（套种鲜食玉米、芝麻、秋葵等作物）、林下种植等模式，指导农民增加土地复种指数，实现一年两熟，每亩增收1 500～2 000元。

基于该项栽培技术规程，花卉团队总结形成3项团体标准 T/SDAS563—2023、T/SDAS564—2023、T/SDAS565—2023，经山东省标准化协会批准发布正式实施。他们进一步总结形成《牡丹高产优质栽培技术研究及示范》科技成果，并通过了菏泽市科技成果评价，该成果具有较好的应用前景。基于已有合作基础和研究成果，团队协助企业组织材料申报菏泽市重点实验室——菏泽市特色花卉育繁推科技创新重点实验室。

根据花卉产业应与市场需求紧密结合，花卉公司为市场主体的原则，团队考察、对接有资质且有实力的花卉公司，选择集花卉培植和花卉贸易于一体的综合性花卉企业"筑巢引凤"。与郓城有关花卉企业充分沟通交流，针对芍药鲜切花采后处理遇到长期储存产生病害问题、花期提前开放等技术难题，花卉团队明确了五个科研攻关课题：芍药鲜切花种苗及切花、牡丹芍药的开发和利用、牡丹芍药鲜切花保鲜液的研发、牡丹芍药反季节鲜切花、牡丹春节盆花。企业出考题，团队解难题，团队的科研工作与企业生产问题充分结合到一起。

从2020年举办的"特色食药牡丹产业技术发展论坛"，到2023年成功举办"牡丹芍药新品种（系）展示鉴赏观摩会"，团队一直不断追求花卉产业高质量发展，突破种业创新，完善花卉产业链、价值链，实现成果转化与市场需求的精准对接。

花卉团队深入发掘牡丹文化，在山东省农业科学院郓城科技示范园核心区，以"盛世牡丹"为主题完成规划设计图及种植方案。盛世牡丹主题区以"一心九瓣"为主题，涉及牡丹、芍药品种100余种，设计精品园、观光园、画廊园、种质资源区以及自育牡丹新品种的展示示范区，构建集休闲观光、研学科普、种质资源保护于一体的功能型牡丹生态园。牡丹生态园于2023年5月升级为花乐园。团队积极协助调整园区总体规划，汇总整理了牡丹、芍药、月季、百合、菊花、薰衣草等10余种花卉栽培技术规程，科技支撑花乐园的建设工作。

谈到今后的发展，休闲农业研究所所长王绛辉说："下一步，我们将重点以牡丹产品提质增效为主，联合院农产品加工与营养研究所相关创新团队，建设药食同源农产品主要功能性成分基础数据库，以及功能学评价数据库，为精准营养与科学膳食提供理论支撑，为开展牡丹产品深加工、拉长牡丹产业链提供数据支撑，更好地打造菏泽牡丹产业品牌。"

八、预制菜产业链

产研结合　预制未来

预制菜是以农作物、畜禽、水产品等为原料，配以各种辅料，采用现代化标准集中生产，经预加工的成品或者半成品，包括即食、即热、即烹、即配等食品。近年来，山东省预制菜产业发展迅速，全省从事预制菜生产的企业数量已超过 8 500 家，占全国的 12%，企业数量为国内最多。预计到 2025 年，全省预制菜产业规模突破万亿元，其中从事预制菜生产的上市公司有 9 家。预制菜已成为延长农业产业链条、提高农产品加工增值水平、促进农民增收致富的新兴产业。

产研结合，成立科企创新联合体

郓城县作为农业大县，小麦、蔬菜、畜禽等农产品原料丰富，拥有发展预制菜产业的良好基础和优势，如何抢占预制菜发展制高点，成为当地食品企业面临的重大挑战。郓城有山东神舟食品集团有限公司、山东华宝食品股份有限公司、山东绿禾餐饮有限公司等多家国家和省市级龙头企业，主营即食肉制品、冷鲜肉、学生营养配餐，但预制菜产品种类少、质量标准缺乏、研发能力不强、产业链条不完善，科技创新能力亟须加强。

预制菜要长远发展，必须秉承创新的理念，推进生产的标准化、产品的多样化，充分保证营养和质量。2022 年 5 月，山东省农业科学院农产品加工与营养研究所专家到郓城对预制菜产业进行了深度调研，了解了产业存在的实际问题与技术需求。6 月 27 日，该所预制菜创新团队与山东神舟食品集团有限公司、山东绿禾餐饮有限公司、菏泽御康食品有限公司、山东好客食品有限公司四家企业共同组建了"创新团队＋龙头企业"模式的"农产品加工产业科企创新联合体"，同时选派肉类加工团队马艳丽博士到山东神舟食品集团有限公司担任科技副总。目的在于，充分发挥科研院所的科技引领作用，围绕预制菜全产业链布局创新链，以肉类加工、果蔬加工、预制菜开发等核心技术攻关为目标，全方位补链、延链、强链，有效整合预制菜全产业链创新资源。

深入企业，解决"卡脖子"问题

2022 年 9 月，山东省农业科学院农产品加工与营养研究所选派弓志青和姜潇潇两位博士全脱产到郓城县挂职，负责预制菜产业高质量发展工程项目。她们全面了解企业发展现状，深入与企业对接，帮助制定预制菜产业发展规划。

当年 10 月 12 日，在山东绿禾餐饮有限公司，针对公司在鲜切蔬菜、预制菜新产品方面的技术需求，预制菜创新团队集中力量，攻克鲜切蔬菜品质保持、品类开发和不同人群的营养配餐等技术，突破净菜弱酸性电解水杀菌技术研究，开发了酸菜鱼、水煮肉片、辣椒炒肉等菜品，为企业下一步发展提供技术支撑。

在山东华宝食品股份有限公司，预制菜创新团队与公司负责人进行深入探讨，提出关键技术指导意见，解决了冷鲜猪肉生产过程中存在的色泽、质构问题以及副产物的综合加工利用问题。

2023 年 2 月 21 日，预制菜创新团队走进山东神舟食品集团有限公司，结合农产品所肉类加工团队科研特色与优势，为企业发展提出三个发展方向：

一是原有产品升级。根据不同肉类原料的营养特性，基于低盐、低脂平衡膳食准则，通过对加工因子定向筛选、原料配料科学配伍及品质提升技术的集成，提升产品品质。

二是新产品开发。顺应后疫情时代食品工业发展趋势，开发适于微波复热、直火加热、以明火和电磁为热源的肉类预制菜产品。

三是副产物综合利用。采用酱卤、烧烤、涮煮等加工工艺，配以独特的辅料，对头、蹄、骨等肉类加工副产物进行产品研发，提升副产物利用价值，助力肉类加工产业链提质增效。

此外，山东神舟食品集团有限公司董事长张勤成提出，计划利用社区地下空间打造预制菜便民生活驿站的想法。预制菜创新团队经调研发现，企业存在研发实力薄弱、C 端市场不足等问题，提出双方可通采用入股或转化成果等多种灵活的合作模式，提高产品核心竞争力，打造鲁系预制菜羊肉系列产品及儒家文化高端菜，构建预制菜产品标准，做好主打产品的研发及宣传，打开预制菜 C 端端口并推广至全国。这些针对性强、可行性强的发展方案，为企业树立了发展的信心，确定了未来"航向"。

弓志青在工作中发现，郓城食用菌企业对黑皮鸡枞残次菇再利用问题非常头疼。她充分利用自己在食用菌产业方面的技术优势，对黑皮鸡枞残次菇精深加工进行反复研究，终于找到了解决方案。与郓城县娴硕谷物种植专业合作社联合开发了黑皮鸡枞菌特色面条、黑皮鸡枞饼干等系列产品，不仅解决了企业的"头疼"问题，还延长了食用菌产业链，提高了企业收益。

科普＋科研，助力预制菜步入"快车道"

2023年2月23日，在郓城指挥部的协调下，预制菜创新团队走进山东绿禾餐饮有限公司，进行了以预制菜为主题的科普宣传，主要围绕"什么是预制菜""预制菜安全吗"和"围绕郓城预制菜产业开展了哪些工作"等进行了介绍。通过抖音等多个平台的宣传，提高了郓城预制菜企业的知名度。

目前，农产品加工与营养研究所已开发新技术10余项，包括冷冻肉丸加工技术、风干香肠制作工艺、调理羊肉串保鲜技术、冷冻原料肉解冻新技术、卤味鸭货锁鲜加工技术、调理羊肉卷肉串加工技术等以及相关产品，制定预制菜标准1项。下一步，将继续在相关企业进行产业化开发；同时在郓城高新区、潘渡镇成立了2处省农科专家工作室，开展技术指导30余次，联系对接专家20余人次，培训乡村人才120人次；帮助郓城食品加工龙头企业进行肉类加工、果蔬加工、预制菜开发等核心技术攻关过程中，共落地各项资金110多万元。

"今后，我们预制菜团队将不断研发新技术，结合郓城县产业基础和资源优势，统筹协调各方资源，培育预制菜产业发展新动能，推动郓城县农产品加工产业绿色高质量发展，为打造乡村振兴科技引领型齐鲁样板郓城示范县提供有力支撑。"农产品加工与营养研究所所长刘丽娜说。

九、芦笋产业链

倾尽心力　打造黄河芦笋产业链

芦笋是黄河滩区主要的特色经济作物，但一直面临着水肥管理粗放、病虫草害严重、用工量大、机械化程度低、芦笋产品加工及一、二、三产业融合发展不成熟等问题。

2020年6月，山东省农业科学院农作物种质资源研究所厉广辉博士主动请缨，到黄河岸边的郓城县去挂职。在搞芦笋标准化种植方面，他可是一把好手。

8月底，他简单收拾好行囊，便带着满腔的热情，驾车奔赴郓城，正式脱产挂职郓城县李集镇第一镇长。报到当天，在李集镇党委政府的配合下，他就开始深入全镇的农业企业、合作社和特色村调研，了解芦笋在黄河滩区的家底和存在的问题。在他的脑海中，一张沿黄地区"带动企业增效、农民增收"的芦笋大健康全产业链宏图渐渐明晰。

特邀入股，把专家"绑"到企业的列车上

找准了问题，干起来就有了目标和方向。

通过大量走访，厉广辉主笔撰写了黄河流域生态保护和高质量发展的调研报告，恰逢山东省人大调研组到郓城黄河滩区调研，他做了详细汇报并将报告提交到山东省人大，并邀请全国相关专家召开芦笋产业高质量发展座谈会，牵头成立芦笋产业技术研究院，研发芦笋标准化栽培模式，着手破解制约芦笋全产业链发展的"卡脖子"技术难题。

厉广辉为山东郓城久源农业科技有限公司引进了一套智能水肥一体化设备，只要点击手机APP，就能全程监测、控制芦笋地的施肥浇水情况。一套设备就能管理500亩地，不仅大大降低了用工成本，还节水60%，节肥50%，产量提高15%以上，每亩节省成本600元左右。

厉广辉邀请植物保护研究所、农药科学研究院等团队开展科研联合攻关，落地实施芦笋有害生物安全控制技术，解决芦笋茎枯病、根腐病等主要病害及

杂草问题。会同山东省农业机械科学研究院研发芦笋采后精选初加工机械，实现了清洗、分级、裁切、扎捆全程机械化，较人工操作效率提升几十倍。协助当地企业在黄河滩区建立1 000余亩标准化芦笋种植基地，亩种植效益增加1 800元以上，实现了轻简化种植和节本增效。对接东苑村35个日光温室大棚，开展设施芦笋反季节种植，亩种植收益达2万元以上。

为了解决芦笋销路，厉广辉经常奔赴济南、日照和曹县等主要芦笋集散地，对接鲜销芦笋批发市场。为了延长产业链，提高附加值，他反复上网查阅各类资料，联系山东康多宝生物技术有限公司和山东锦绣川制药有限责任公司，携手研发出芦笋复合乳酸菌发酵系列饮品和芦笋胶囊，并生产出国家准字号药品复方芦笋合剂，经济效益提升了6~10倍。山东郓城久源农业科技有限公司董事长常化星一提起厉广辉，就忍不住竖大拇指。

厉广辉还创办了实体化运行民办非企业研究院——郓城芦笋产业技术研究院。此举加快了芦笋新品种、新技术的研发与推广。在此平台统筹协调下，企业提出制约发展的关键技术难题，并提供科研经费，科技特派员通过"揭榜挂帅"参与技术攻关。政府优化环境，提供政策支持和配套服务等。"政产学研金服用"七大力量拧成一股绳，瞄准一个目标共同努力。

在山东省农业科学院郓城指挥部的协调下，郓城芦笋产业技术研究院与郓城县人民政府和中国工商银行郓城支行达成共识，顶层设计了"产业＋科技＋政府＋金融"的模式，解决了政策、技术、资金、市场等一系列问题，在郓城沿黄地区大力推广芦笋种植。引进心族（上海）农业科技有限公司来郓城，投资建设种养加循环芦笋现代农业产业园项目，利用其市场资源，延长产业链，实现芦笋一、二、三产融合发展。

常化星发现，企业芦笋产业的发展越来越离不开厉广辉博士的技术支持。2021年8月，厉广辉"下乡"期满。常化星主动和厉广辉签约，结成"利益共同体"，邀请他以科技入股的方式融入企业，将这位来自山东省农业科学院的专家牢牢"绑"到了自己企业发展的列车上。这次，厉广辉的身份是山东郓城久源农业科技有限公司科技副总。

常化星动情地说："厉博士为黄河滩区芦笋产业高质量发展带来了科技源泉，山东省农业科学院的技术推广点亮了黄河滩区芦笋产业发展的星星之火。"

创新营销打品牌，国际合作结硕果

2021年4月7日，是一个值得铭记的日子。山东郓城久源农业科技有限公司与美国沃克公司通过视频连线举行中美芦笋国际战略合作签约座谈会，双方成功签署全面战略合作协议，继续扩大合作。

在山东郓城、浙江萧山联合建立露天与智慧设施示范基地，以引进 Grande F1、Walker pioneer F1、Atlas F1 等优质芦笋种质资源为基础，通过农作物种质资源研究所、郓城芦笋产业技术研究院专家优化品种筛选，因地制宜加上技术革新和精细管理，推动产业发展。

"饿死不吃种子粮"，种子是农民安身立命的根本。芦笋种子是子一代（F1）杂交种，种子价格昂贵。由于是多年生，短期内很难鉴别种子真伪，导致种子市场混乱，假种子会严重影响笋农连续几年的收入，老百姓维权难度较大。厉广辉团队着手开发品种特异分子标记，为每个品种制作基因"身份证"，用科技的力量规范种子市场，解决中国芦笋种子行业存在的严重"卡脖子"问题，大力推进芦笋种业核心关键技术攻关，加速实施芦笋种业赶超国际先进水平的进程。

久源农业与美国沃克公司拥有坚实的合作基础，2018年在郓城县人民政府签署战略合作，2019年12月在郓城县人民政府的推动下，郓城久源农业联合山东省农业科学院农作物种质资源研究所、郓城县农业农村局、美国沃克兄弟公司在郓城成立"中美芦笋联合实验室"，开展芦笋产业合作，先后引进国内外80多个优质芦笋种质资源建立芦笋品种资源圃，山东省农业科学院在久源基地建立"农科专家工作室"，共建成立山东省农业科学研究院（郓城）芦笋产业技术研究院，全力支持黄河滩区芦笋产业发展。各方充分发挥各自优势，取得多项自主知识产权软件及专利发明，其中原土消杀直播育苗、水肥诱导限根、全程机械化加工、集约化育苗、智能化管理等，填补了芦笋种植行业的空白，并在国内得到广泛推广应用。

手机里的爸爸，脸上晒出了"黄河红"

厉广辉扑下身子，晴天一身土，雨天一身泥，甩开膀子，扎根黄河滩区，心无旁骛做调研，聚精会神写方案。他长期遭受风吹日晒，皮肤黝黑，脸色通红，肩膀晒掉了皮。

"西藏地区人民的肤色是高原红，厉博士的脸是黄河红"，山东农业科学院郓城指挥部指挥长张文君常常这样打趣。

厉广辉结婚 12 年，两地分居 9 年，他平时在济南工作，爱人和孩子在潍坊老家生活。挂职以来，他潍坊、济南、郓城三地跑，家庭聚少离多，为了工作，经常几个星期不能回家。

"家里的老大基本由我爱人带大。"偶尔回家的厉广辉想亲近孩子，领着散散步，陪着上辅导班，却被孩子拒绝。

二宝刚到牙牙学语的年纪，厉广辉只能通过手机视频看着孩子一天天成长。

一天，他家二宝指着屏幕说："手机里的爸爸，手机里的爸爸。"在身旁的郓城县农业农村局副局长常圣奇看到这一幕，瞬间潸然泪下："厉博士真是太不容易了。在孩子眼里，他是手机里的爸爸。"

其实，他多么希望每天都能在孩子身边，陪着学习，一起玩耍。可是田地里的芦笋苗，也是他亲手呵护的孩子呀，他牵肠挂肚，割舍不下。

厉广辉博士联合山东省农业科学院科研团队突破了制约芦笋产业发展的关键"卡脖子"技术问题，带动了郓城黄河滩区芦笋产业的振兴，把"小芦笋"做成了"大产业"，为黄河滩区的群众创造了更多就业机会，增加了农民收入，也为黄河流域资源合理开发利用、生态保护和高质量发展提供了科技支撑。

厉广辉扎根基层，服务"三农"，事迹突出，获评 2021 年山东省农业科学院"三个突破"十佳个人，被中国民主同盟山东省委员会授予 2021 年脱贫攻坚先进个人称号，同时也成为多家中央和省级媒体争相报道的模范人物。

十、中草药产业链

赓续百年木瓜文化　科技赋能菏泽市树

诗经有云："投我以木瓜，报之以琼琚。匪报也，永以为好也！"通过投木报琼的赠答，表达了古人间的深情厚谊。

"我们平时餐桌上吃的木瓜是番木瓜，原产美洲地区，属于番木瓜科；还有一种木瓜，叫皱皮木瓜，是中国特有品种，是药食同源的植物，被誉为植物黄金。"说这话的是韩金龙——山东省农业科学院郓城中草药产业链的骨干成员，先后挂职郓城武安镇第一镇长、山东佰诺生物科技有限公司科技副总。

曹州木瓜与菏泽市树

韩金龙到郓城挂职以后，立即着手对木瓜产业进行调研。经过走访，他发现，木瓜是菏泽四大特产之一，古称曹州木瓜，主要产于菏泽的赵楼、李集、芦固堆、观花园等村。木瓜是蔷薇科落叶灌木，有悠久的栽培历史，至今还完整保留明朝时期的木瓜树。2013 年 7 月 16 日，菏泽木瓜树被菏泽市人大常委会评定为菏泽市的市树。

但由于科技创新及产品研发滞后，木瓜产业发展面临瓶颈问题。当地种植的木瓜大多是光皮木瓜，主要用途就是树苗销售和酿酒或做醋，品质指标达不到入药标准，产品的附加值偏低。

面对现状，韩金龙陷入了深刻的思考，到底是进行传统用途的推广还是进行新产品、新用途的开拓，这是矛盾的集结点，也是制约产业链发展的瓶颈。经过几个月的调研和思考，中草药产业链团队与地方企业进行沟通和交流后，找准了制约木瓜产业发展的瓶颈：没有好品种，没有好产品，同时也就没有好市场。解决问题是基础，没有好品种我们就引进好品种，没有好产品我们就研发好产品，没有好市场我们就开拓新市场，看准了、选对了就要大胆地走下去。

探索模式是关键

程大刚，武安镇程庄村人，今年 35 岁，近几年一直从事中草药种植，种植过防风、板蓝根、白术等品种。他年轻力壮，有多年务农的经验，但就是苦于没有新品种、新技术，没有技术提升和产业升级的机会。一听说来了挂职镇长，他主动找到了韩金龙，寻求中草药产业的合作。韩金龙很欣赏坚守在农村一线，从事中草药生产的这名年轻人。一拍桌子，就你了，当即决定，把山东省农业科学院科技推广先进个人项目的奖励资金 2 万元投入木瓜产业中。

在韩金龙的支持下，程大刚成立了郓城县一诺种植养殖家庭农场。用他自己的话说，"这是他翻天覆地的转变，是从农民到农场主的转变。"而韩金龙告诉他，"这是从靠经验种地到用科技种田的转变，是从种什么卖什么到订单生产的转变。"

2021 年 9 月，程大刚流转本村土地 100 亩，通过韩金龙的引荐，引进皱皮木瓜新品种 4 个，以保护价每千克 1.8 元的价格，与山东佰诺生物科技有限公司签订了订单合同，实现了订单生产。

木瓜种上了，可新问题同时出现了：木瓜树刚移栽的，树龄和树冠较小，前 2~3 年形不成大的产量，这样亩效益很低，地租等其他投入却一点也不少。这让程大刚的眉头又皱了起来。

其实，在木瓜种植基地成立之初，韩金龙就想到了这个问题，提前进行了规划。他改变了原来的种植模式，把木瓜种植的行间距扩大到 4 米，农业机械可以轻松进行操作；行间种植了中药材丹参，这样就形成了"木瓜—丹参"的立体种植模式。

丹参是一年生药材，是山东省道地药材品种，近几年价格非常稳定，一般亩效益 3 000 元以上。这样程大刚的木瓜基地前期就有了稳定的收益，同时可以轮作防风、板蓝根等其他中草药。

2021 年 7 月上旬，在韩金龙的指导下，程大刚又利用空闲地开展了丹参育苗，下一年移栽用，这样就不需要到市场上购买了，又降低了下一年的生产成本。

提质增效是根本

一个产业的发展离不开龙头企业的带动。韩金龙意识到，光皮木瓜的短板在于深加工的缺乏，只有深加工才能有效提高产品价值。他在调研中了解到，虽然在药用价值上达不到药典的要求，但在保健食品及美容产品的研发方面，木瓜具有广阔的利用价值。

经同事介绍，韩金龙对接了从事药食同源产品加工销售的山东佰诺生物科技有限公司。该公司主要致力于传统药食同源及新资源食品原料的功能成分萃取与终端产品复配，是一家集健康食品的研发、生产、品牌设计及健康管理集成为一体的生物科技公司，在郓城县建有产品生产线，他们也一直想把菏泽市地产特色产品进行深加工开发。

韩金龙决定，联合农产品加工与营养研究所活性物质提取团队，与山东佰诺生物科技有限公司研发团队一起开展木瓜深加工产品的研发，延长中草药产业链。双方成立了博士工作站和木瓜产业研发中心，现在已经开发出了木瓜胶原蛋白饮、木瓜酵素、木瓜 SOD 压片糖果、牛奶压片等 4 款产品，通过网络电商在全国销售。下一步，将在木瓜面膜、木瓜复合功能饮品等方面加大产品研发力度。

2021 年 5 月 26 日，时任山东省农业科学院党委书记李长胜，院党委委员、副院长贾无、刘兆辉，乡村振兴研究院首席专家等赴郓城检查指导实施情况。韩金龙现场汇报了产品的研发情况，李长胜对木瓜产品的研发给予高度评价。6 月 18 日，菏泽市政协副主席、党组副书记、提案委员会主任付守明带队到山东佰诺生物科技有限公司开展"木瓜赋能"提案专题调研。

2022 年 3 月 8 日，山东省农业农村厅组织专家对位于郓城县武安镇程庄村的中药材产业链示范的"木瓜—丹参间作"进行丹参现场实打测产验收。亩产鲜品丹参 1 325 千克，收益超过每亩 5 000 元。这个结果让程大刚紧皱的眉头终于舒展了。

解决问题是基础，探索模式是关键，提质增效是根本。下一步，韩金龙和产业链团队成员计划加大与企业的合作力度，进行品种改良和产品深加工；以木瓜为主题，打造"工业旅游＋农业生态旅游"新模式。通过木瓜主题展馆、木瓜健康大讲堂、木瓜主题四季旅养等形式充分发扬木瓜文化，重构木瓜药食两用的营养保健价值，即以地方特色产品为载体，以科技创新引领产业发展，以销定产，实现创新链、产业链、人才链、资金链深度融合，打造全产业链的利益共同体，助力菏泽木瓜三产业融合长效发展。

勠力打造特色产业样板

三年来，中草药产业链的专家们始终坚持以科技创新为引领，全力支撑区域中草药产业发展，以产业振兴带动乡村全面振兴，用科技赋能木瓜产业，实现科技成果就地转化。他们搜集各类木瓜资源 500 余份，在郓城科技示范园建设 5 亩的资源圃 1 个，在黄泥冈镇刁庄村培育 150 亩的半夏基地 1 个，引进中药材品种 1 个（牛膝），示范面积 15 亩；开展中草药技术讲座 10 余次，现场指导 60 余次，培训、指导中草药种植户 5 000 余人次，联合"舜耕科技一键帮"栏目，连续开展了 12 期中药材专栏，累计在线人数超过 30 万人，形成了"科研单位＋龙头企业＋基地＋农户"的典型案例，丰富了科技合伙人模式的内涵。

2022 年底，以申报山东省科技特派员创新创业共同体项目为基础，联合山东佰诺生物科技有限公司注册了菏泽鑫森农业发展开发有限公司，引进科特派资金 10 万元，重点开展木瓜全产业链科技创新与市场推广工作。

如今，韩金龙的脚步没有停歇。他将和团队成员一起，计划用 3 年时间，重点实施木瓜的全产业链发展，继续加大产品研发力度，以销定产，在发展一产和二产的基础上增加第三产业的收入，建设三产融合的木瓜产业齐鲁样板，用科技让菏泽"市树"焕发新的生机。

第六章

卓尔不群——科技合伙人评价

三年来，在郓城打造的农科好郓整县域乡村振兴科技引领型齐鲁样板，得到了山东省委、省政府充分肯定，多位省领导做出批示；总结凝练了 10 余项典型案例，推送到全市全省乃至全国；在国家、省、市、县的媒体报道 230 余次；得到了合伙人的一致好评，也体现了挂职人员的真情实感。

一、典型塑造

序号	典型案例	推广情况
1	山东省农业科学院实施"三个突破"战略助推郓城县走向乡村振兴快车道	登上山东乡村振兴简报,向国家乡村振兴局、山东省委常委、山东省副省长、山东省委办公厅、山东省人大、山东常委会办公厅、山东省政府办公厅、山东省政协办公厅等单位报送
2	山东省农业科学院助推郓城走出乡村振兴特色路	新华社内参推广
3	大力推进园区建设、夯实产业发展基础	首批 2021 年度山东省乡村振兴优秀案例
4	一园十产 N 区科技推广郓城农科好郓模式建立与实践	山东省农业新模式十大集成推广典型案例
5	山东省农业科学院探索助力振兴的"农科·好郓"模式	农民日报、中国农网推广
6	打造乡村振兴科技引领型齐鲁样板"郓城模式"	2022 年度山东省乡村振兴优秀案例
7	采煤塌陷地生态治理与价值实现	菏泽市推广、报送至山东省自然资源厅
8	菏泽市郓城县双桥镇坡里何庄村	山东省美丽休闲乡村典型案例
9	山东绿禾农业综合开发有限公司	山东省省级生态农场典型案例
10	郓城县农村产业融合发展示范园	山东省省级农村产业融合发展示范园
11	提升"农科好郓"模式助农产业	全国乡村文化产业创新典型案例

二、伙伴眼中

山东省农业科学院：

岁末甫至，鸿气东来。值此新春佳节来临之际，郓城县委、县政府携全县129万人民，向贵单位多年来对郓城农业农村工作的大力支持表示衷心的感谢，并向贵院全体干部职工致以节日的问候和美好的祝愿！

为深入贯彻落实习近平总书记"给农业插上科技的翅膀""打造乡村振兴齐鲁样板"重要指示要求，2020年6月，山东省农业科学院启动实施"三个突破"战略，实行"举院体制"，与郓城县携手打造整县域乡村振兴科技引领型齐鲁样板。两年多来，省农科院累计派出300余名专家赴郓城挂职，在省农科院成果转化与推广处副处长、郓城指挥部指挥长张文君同志的带领下，坚持以习近平总书记的重要指示要求为指导，充分调动全院及国内其他单位的科技资源，与全县各类龙头企业、新型农业经营主体、种植大户等市场主体开展密切合作，坚持项目、技术、成果优先在郓城落地，协助郓城做好"三争三引"，加快推进"一园十产N区"建设，全力推动郓城农业产业转型升级和高质量发展，在实践中蹚出了乡村振兴科技引领型齐鲁样板"农科·好郓"新模式。

两年来，山东省农业科学院各位领导、各位专家在郓城工作期间，情系郓城、扎根基层，默默奉献、辛勤付出，和干部群众想在一起、干在一起，想方设法为基层排忧解难，千方百计为群众谋取实惠，让群众切实感受到实实在在的成效，赢得了郓城全县上下的充分认可和老百姓的点赞。如今，省农科院与郓城的精诚合作已硕果累累，建成10大类300余处产学研结合的创新平台和载体，科技推广郓城模式荣获全省农业新模式十大集成推广典型案例，院地合作模式入选全省乡村振兴优秀案例。

道由白云尽，春与青溪长。我们相信，在贵院的鼎力支持下，在大家的共同努力下，郓城乡村振兴的宏伟蓝图一定能够实现。今后工作中，县委、县政府将继续全力支持配合郓城工作组和挂职专家的工作，全力搞好协调服务和后勤保障，为他们在郓城放手工作、施展才干创造良好的条件和环境，共同推进科技引领型乡村振兴齐鲁样板示范县建设再上新水平、再有新突破。同时，恳请省农科院各位领导、各位专家继续关心支持郓城，多来郓城检查指导工作，多提宝贵意见。

最后，再次感谢贵院一直以来为郓城发展做出的卓越贡献，祝愿贵院与郓城院地共建更加长久、更加紧密。祝愿贵单位事业蒸蒸日上！祝愿各位领导、各位专家新春愉快、工作顺利、阖家幸福、万事如意！

——2023 年 1 月　中共郓城县委

郓城县人民政府

尊敬的山东省农业科学院：

贵单位按照习近平总书记"打造乡村振兴齐鲁样板"的要求和省委、省政府印发的《山东省乡村振兴战略规划（2018—2022 年）》部署安排，组织实施了直面农村、直插产业的"三个突破"战略。时至今日，黄安镇人民与政府深刻感受到了"战略春雨"为产业振兴带来的生机与力量，黄安的人民是此战略实施最大受益者！黄安镇党委政府代表全体黄安人民衷心感谢山东省农业科学院专家的付出与辛劳。

挂职干部奔走的脚印留在黄安大地上，更印在黄安人民的心中。郓城指挥部科学筹划、积极调度，实现了农科资源快速注入镇域产业，及时为产业振兴输入"技术血液"；质标所举全所之力研究黄安镇产业发展瓶颈，针对性地提出了"镇域产业融合发展黄安模式"，用担当与智慧践行"三个突破"战略要求；挂职第一镇长更以"硬人"的作风，不分白天黑夜与节假日，克服家庭困难，尽全力耕织黄安产业振兴与招商引资。仅用三个月时间，完成全产业链的深入调研，创造性地提出了以"科技引领新旧动能转换""镇域产业镇内循环""镇域乡村振兴产业研究院"等一系列创新与实际相结合的产业振兴之策，付诸实施了母牛繁育、种养结合、黑水虻粪里淘金、澳龙养殖、特色产品提质增效、化学胶替代研发、高效循环农业种植、低碳养殖小区建设、现代木材加工产业园、美丽农村建设等绿色循环、健康高效项目的实验探索与筹备落地。

挂职干部的工作成效黄安镇党委看在眼里，黄安人民记在心里。感恩之余，黄安镇党委在此表示，将全力支持、配合农科院"三个突破"战略在黄安镇的实施落地。经镇党委研究决定，实施保障措施如下：

1. 落实质标所提出的"镇域产业融合发展黄安模式"先行先试。

2. 由镇政府牵头，建立"郓城县黄安乡村振兴产业研究院"，发挥"第一镇长"组织协调力量优势，尽快完成产研院各类技术力量、人才资源的注入，并依托产研院灵活运用政策、整合各类资金，实现产研院实体化运作。

3. 提高保障力度，解决产研院、专家工作室、快速检测实验室、公牛冻精仓等场所的独立用房保障。

最后，请接受我们对贵院全体"农科人"最真挚的祝愿，祝同志们身体健康、家人平安，事业腾达！

——2022 年 8 月　郓城县黄安镇党委

郓城县黄安镇人民政府

山东省果树研究所、农药科学研究院：

赠人玫瑰，手有余香。首先感谢贵院所单位两年来对玉皇庙镇西陈庄村乡村振兴所做的努力和大力的帮助支持，标示衷心感谢！并致以美好的祝愿！

党的十八大以来，以习总书记为核心的党中央采取了一系列原创性、独特性的重大举措，完成了一类历史上规模最大、力度最强、惠及人口最多的脱贫攻坚战。党的十九大，党中央提出实施乡村振兴战略，这是决战全面建成小康社会，是实现第一个百年奋斗目标，也是各级党组织的重大政治任务。乡村振兴以来，山东省农业科学院党委深入践行习总书记"给农业插上科技的翅膀""打造乡村振兴齐鲁样板"的要求，按照省委省政府"山东省农村乡村振兴战略规划（2018—2022 年）"部署安排，实施了直面农村、直插产业的"三个突破"战略，以强烈的政治责任感和历史担当精神，带着深厚的感情推进乡村振兴工作，实现郓城县乡村产业振兴有效发展。

相知无远近，万里尚为邻。贵单位响应组织号召，参与下派工作，奔赴基层一线，扎根基层、融入群众，解农民之所急，帮农民之所需，兴产业创增收。根据果树产业需求，山东省果树研究所和农药科学院分别在我村采摘示范园建立了长期核心基地和农科专家工作室。专家免费做技术指导和培训，无偿向我村采摘示范园和五岔口果树种植基地捐赠山农酥梨苗 1 200 株，秋月梨苗 2 800 株，珍珠油杏、金太阳、丰源红杏、荷兰香蜜杏等品种苗木 6 800 株，迷向丝 2 万根。2021 年以来，通过这些努力换来了玉皇庙镇果树的节本增效，人工成本降低 20%，优质果率达到 85%，亩产值提高 20%。技术辐射周围 1 万余亩，果树增产增效达 1 亿元。

你们用辛勤和汗水浇灌着热爱的果树，乐此不疲，这种不畏艰难、不计得失的精神，获得县镇村各级组织的认可，赢得群众满意，为我村乡村振兴做出了积极贡献。贵单位挂职干部的工作成效玉皇庙镇党委政府、村两委和村民记在心里。

不负帮扶，未来可期。崭新的征程已经开始，更大的胜利还在前方，需要我们继续携手向前，打造郓城县乡村振兴果树产业西陈庄示范村。

最后，衷心希望贵单位一如既往关心、支持西陈庄果树产业的发展，为乡村振兴发展做出新的更大贡献。

祝愿贵单位事业蓬勃发展、蒸蒸日上，全体"农科人"身体健康、阖家幸福！

——玉皇庙镇西陈庄村民委员会

省农科院在郓城县积极探索乡村振兴科技合伙人模式，真帮、真干、真见效，经验宝贵，意义重要。请曹临、凌刚同志继续支持配合，争取更大成效。

——2023 年 7 月　菏泽市市委书记　张　伦

郓城农业资源丰富，是全国超级产粮大县、林业大县、畜牧强县，承担着全国畜牧业绿色发展、高标准良田整县制推进等 30 多个国家级、省级示范试点任务。省农科院精心选派一大批业务骨干赴郓城挂职，创新链长制和包村制工作机制，成立数十个农科专家工作室，为郓城培养了一批优秀乡土人才，一批新业态、新技术、新项目在郓城落地生根、开花结果，对推动一、二、三产融合发展，加快补齐科技创新短板，加快郓城农业农村高质量发展具有重大而深远的意义。

——2021 年 9 月　中共郓城县委副书记　何　元

在圆满完成脱贫攻坚任务后，我一直在思索如何做好新时代乡村振兴"新文章"，绘好乡村产业发展"新蓝图"，这个想法与山东省农业科学院聚力打造乡村振兴科技引领型齐鲁样板的目标不谋而合。乡村产业振兴最缺的就是人才和科技，省农科院"三个突破"战略的实施，为我们解决了最核心的难题，"乡村振兴科技合伙人"模式，在鲁西南大地上结出了累累硕果，推动了乡村振兴示范区飞速发展。

——2023 年 2 月　郓城县人大常委会副主任　赵敬来

通过科技帮扶工作，以绿禾餐饮为代表的农业产业园区，已经成为郓城现代化农业发展的一座"灯塔"，照亮了周边村庄，提升了全县设施蔬菜产业技术水平。

——2021 年 9 月　郓城县农业农村局局长　何广峰

省农科院在郓城工作期间，坚持以习近平新时代中国特色社会主义思想为指导，牢固树立以人民为中心的发展思想，认真践行"严真细实快"和"四实四敢"的务实创新作风，依托郓城县委党校主阵地，以"乡村夜校""田间课堂""直播课堂""农民技能提升培训班"等为培训载体，通过"师傅带徒弟"开展创业辅导、跟踪服务，让千余名乡土人才成为传播科技的合伙人，积极探索乡村人才培育模式，让农民既"富口袋"，又"富脑袋"。

——2023 年 8 月　郓城县委党校副校长　房灵锋

2020 年，山东省农业科学院实施"三个突破"发展战略，选派优秀科技人员，投入大量资金、技术和人才，在郓城创建科技引领型乡村振兴齐鲁样板。把论文写在大地上，培育壮大了唐庙镇胡庄村的阳光玫瑰、双桥镇坡里何庄的宠物牧草和林下食用菌等一批特色产业，成为农村经济新的增长点。增加了农民和村集体收入，扎实巩固拓展了郓城县脱贫攻坚成果。2021 年上半年，结合我县实际，超前规划、积极探索，在张营街道建设科技引领型乡村振兴示范区，初步形成了可推广、可复制的乡村振兴齐鲁样板郓城模式的新思路、新方式、新方法。

——2023 年 5 月　郓城县民政局党组副书记、局长　时志荣

为了治理采煤塌陷地，我们花费了大价钱进行复耕，可效果却不尽人意，不管怎么做群众就是不愿意种。省农科院的专家入驻示范园后，科学谋划，采取"生态＋开发"的方式，创新实施立体种养模式，帮助我们解决了难题。有藕、稻，还有这些鸟，这是从来没有过的。在取得经济效益的同时，我们还意外收获了良好的生态效益，成为了采煤塌陷地治理的典范，在菏泽全市

进行推广。

——2023 年 3 月　郓城县张营街道党工委书记　徐龙坡

真没想到，省农科院的品种和技术这么厉害。去年秋天下雨多，播种麦子太晚，我特别担心今年的收成，没想到今年一亩地还能收 1 600 斤，打的粮食还都让种子站当种子收了，价格每斤多出一毛五分钱，我心里现在踏实了，以后种地就听省农科院专家的。

——2022 年 6 月　郓城县张营街道刘一村党支部书记　陈玉山

合作社建设以来，未来何去何从，我也很彷徨。省农科院的专家来了，给我坚定了科技就是力量的信心，坡里何庄是个好地方，能够让各位大专家有用武之地，没想到宠物经济、萌宠乐园这些新概念让我们有了方向，有了奔头，真是太让我感动了。

——2021 年 10 月　郓城县双桥镇坡里何庄村党支部支书　朱仰文

非常感谢省农科院对我们村的大力支持和帮扶，在我们村开展工作两年多时间，使我们村各方面都有了很大提升，刘廷利处长和张宏宝镇长一起邀请了很多专家，带来了新品种、新技术、新装备，进行了村级规划，指导农业发展，引进项目、引进资金等，在产业振兴和生态环境，以及我们思想的转变上都给予了非常大的帮助。

——2023 年 3 月　郓城县李集镇杨庄集村党支部书记　徐常伟

省农科院打造科技引领乡村振兴齐鲁样板示范县以来，省农机院的郭洪恩书记带着专家到我们村，帮着成立了张尔略农机专业合作社，积极协调农机具，并协助合作社引入粮好公司，探索出了"村集体＋社会企业投资＋科技人员技术入股"新模式，还帮助村里规划了 600 吨的粮食烘干仓储项目，到现今已为周边超万亩耕地进行农机社会化服务。先后派出两任第一镇长和所长样板工程执行专家驻村帮扶，积极联系农机、蔬菜、果树、小麦玉米等专家来村里现场指导，为村民和农机手进行免费专业技术培训，使得村民与机手专业技能有了极大的提高，种植的粮食、蔬菜与果树都取得了很好的效益，切实帮助村集体和村民实现了增收。

——2023 年 6 月　郓城县丁里长街道张武屯村党支部书记　张维蛟

2019 年，胡庄村种植"阳光玫瑰"葡萄 185 亩，因不懂管理技术，2020年葡萄基本颗粒无收。在干部群众迷茫无助时，省农科院郓城"三个突破"工作组深入了解情况，探索实践了"党组织＋专家＋合作社"模式，选派了葡萄院陈迎春挂职合作社科技副总，手把手传授技术，提高了全村葡萄种植科学化、标准化水平。专家们走村入户，真抓实干，做起事来也毫不含糊，使我们村的葡萄产业开展得有声有色。

——2023 年 4 月　郓城县唐庙镇胡庄村党支部书记　胡宣峰

现代农业离不开科技的支持，有省农科院各位专家作为后盾，我更坚定了做好现代农业从种子到餐桌的信念，进一步拉长产业链，加快绿禾的发展，实现公司基地和村集体经济增收。

——2022 年 7 月　山东绿禾餐饮有限公司董事长　张庆涛

你们的专业知识和卓越技术对我们的企业有着极大的帮助，不仅给公司的兽药板块发展做出了长远规划，还为我们刚起步的蛋鸡养殖事业打下坚实基础，让公司走的每一步都充满底气。感谢你们对我们企业的支持和帮助，祝愿你们在未来的工作中取得更大的成就，为农业事业做出更大的贡献。

——2023 年 2 月　山东硕宇生物科技集团有限公司董事长　曹翠英

两年来，在山东省农业科学院家禽研究所挂职专家的协助下，公司顺利通过兽药 GMP 专家组验收，以及菏泽市现场核查和整改。公司获得兽药生产批准文号 50 余个。目前公司各个方面已走出困境，步入正轨，取得了较好的经济效益和社会效益。专家团队为企业奉献了智慧和汗水，希望在此基础上进一步加强合作，努力创造科企合作的典范。

——2023 年 6 月　山东鑫德慧生物科技有限公司董事长　赵作帅

省农科院派驻公司挂职的韩金龙、孙金月研究员等科研骨干，兢兢业业、任劳任怨，联合公司科研人员，共同开展菏泽木瓜深加工产品的研发工作，目前产品销售良好。2022 年底，在前期合作的基础上，双方共建了"专家＋企业"型利益共同体，下一步将继续扩大产品研发范围，提升产业链价值。

——2023 年 1 月　山东佰诺生物科技有限公司董事长　樊兆森

三年来，山东省农业科学院通过对合作社的技术帮扶、新品种引进和线上销售渠道拓展，使合作社的产品品质、种植结构、销售模式都得到了极大的优化和提升，社员的整体收益有了较大增长。非常感谢省农科院领导和专家们的大力支持，让合作社再一次突破发展瓶颈，找到发展方向！

——2023 年 6 月　郓城县百蔬园果蔬种植专业合作社理事长　刘　强

归根结底还是品种和技术问题，现在省农科院专家一来，啥都有了，还帮我们建了冷库，我们村以后再也不用为存果子发愁了。

——2022 年 8 月　郓城县玉皇庙镇西陈庄村村民　孟祥森

近年来，合作社在山东省农业科学院的科技帮扶下，拓展小麦、玉米周年丰产新链条，助推小麦、玉米产业转型升级，助力乡村振兴。我们这种的都是高产优质新品种小麦，企业订单高价回收，不用愁销路，乡亲们都愿意种。

——2021 年 3 月　郓城瑞丰谷物种植专业合作社理事长　何万轻

自从省农科院的专家们到我们公司进行帮扶，我们在发展的路上有了引路人，技术上有了主心骨，业务上也有了合伙人。

——2023 年 6 月　郓城县鑫福农业综合开发有限公司　赵　鑫

三、有感而发

在郓城挂职的一年半时间，对农业、农村、农民有了更直观更深入的了解，没有农业农村的现代化，就没有国家的现代化，当前，我国发展不平衡不充分问题在乡村最为突出，必须把大力发展农村生产力放在首位。实现农业农村现代化，关键是引导农业向绿色、优质、特色、品牌化发展，形成优质高效、充满活力的现代农业产业体系，促进科技与产业深度融合、相得益彰。

——第一批郓城指挥部成员　郭栋梁

基层挂职工作，给我提供了系统学习、全面锻炼和快速成长的平台，使我受益匪浅、终生难忘；乡村振兴科技合伙人模式的探索和实践，让我体会到了"国之大者"的使命和担当，使我心怀三农、勇毅前行。

——第一批郓城指挥部成员　孙家波

在郓城一年半，看到了在实验室里永远接触不到的东西，了解了当下农业的真实状态，体验到了被需求、被渴望的幸福。临到挂职结束，发现有些不舍了，我会想念郓城的，那些人，那些事，那些点点滴滴的美好回忆……

——第一批郓城指挥部成员　石少川

挂职三年，从乡镇"第一镇长"到企业"科技副总"，职位在变，初心不改；从农村走进农户，从企业走向产业，角度在变，方向永恒。用知识换来科技的粮仓，让时光铭记"三农"的脚步，我们是乡村振兴科技合伙人。

——第一批武安镇第一镇长、2021 年度"三个突破"十佳个人　韩金龙挂职学习，提升了解生产一线难题；瞄准短板弱项，构建小麦全生育期标准化生产技术规程；宣传推广，力促新品种、新技术、新装备落实生根。为更好扛牢核心种源主体责任，服务乡村振兴，大面积提高粮食单产，保障国家粮食安全，持续贡献新动能。

　　　　——第一批侯咽集镇/程屯镇第一镇长、顺景（山东）面业有限公司
　　　　科技副总、侯咽集镇枣杭村第一村主任、2021年度"三个突破"
　　　　十佳个人　樊庆琦

回顾脱产挂职期间，乡亲的需求压在心中，"科技引领型齐鲁样板打造"指引着方向，每周领导的调度，让自己不敢有丝毫懈怠，心中似有万丈豪情，抵挡了酷暑和艰辛，汽车里程数和电话时间均达到历史新高。果农的思想有了转变，果园管理技术有了改进，园里有了更多更甜的品种，感觉乡村振兴的路上，有自己的那么一点点助力，心里有那么一丝自豪和欣慰。

　　　　——第一批郓城县玉皇镇第一镇长、申丹农业科技（菏泽）有限公司
　　　　科技副总、2021年度"三个突破"十佳个人　王金平

知之愈明，则行之愈笃；行之愈笃，则知之愈益明。两年来，我深深感受到农民的艰辛与不易，农村基层人员工作的繁重和压力，这一段挂职经历将转化为我今后人生的宝贵财富，继续学用结合，初心不改，勇往直前，以实干绘就乡村振兴最美画卷。

　　　　——郓城县宣峰果蔬土地股份专业合作社科技副总　陈迎春

通过挂职锻炼，长期深入基层生产一线，使我获得了宝贵的了解农业生产和农民生活现状的机会，真正从解决农业生产实际问题中找准了科研方向，更加坚定了扎根农业生产主战场的决心，以实际行动践行"把论文写在大地上"。

　　　　——第一批李集镇第一镇长、2021年度"三个突破"十佳个人　厉广辉

挂职锻炼为科研人员指明了方向，搭建了跨学科、跨团队协同创新的平台，推动产学研深度融合，真正践行了把论文写在大地上。同时，科研人员到生产一线受教育、长才干，造就了兢兢业业、艰苦朴素的工作作风，为科研人员"十年磨一剑"打下了坚实基础。

——第二批郓城县唐庙镇第一镇长、2022 年度
"三个突破"十佳个人　姜富贵

亲身参与科技示范园从无到有的全过程，这是一段终生难忘的经历。面对全新的工作、生活环境，边学习、边思考、边交流，加深了对基层工作的认识，取人之长，补己之短，更新了自身的观念，开阔了视野，收获了知识、成长和友谊。

——第二批郓城县张营街道第一主任　高明伟

乡村振兴科技引领型齐鲁样板示范县打造是"给农业插上科技翅膀"最直接的践行，是科技进村入户最有效的通道，是乡村振兴科技合伙人最能发挥才干的平台！我作为十佳个人，见证了郓城食用菌产业的发展进步。我将不断努力，将食用菌论文永远写在大地上！

——郓城县唐庙镇李楼村第一主任、2022 年度"三个突破"
十佳个人　万鲁长

来到郓城农业生产第一线，开启了乡村振兴挂职生活，增长了见识，体会了一些除了科研之外为人处事的道理，提高了科研理论联系农业实际、解决农业问题的潜力，开阔了对乡村问题的观察眼光和观察能力。也深深地改变了我的科研观，乡村振兴离不开技术和人才，生产田才是农业新技术、新品种的试验场，作为农业科研人员更要到农村去，多与种植户、农业企业和农业部门交流合作，才能真正找准农业科研问题。

——第二批郓州街道第一主任、郓城县先锋农作物种植专业合作社
科技副总、2022 年度"三个突破"十佳个人　王　通

脱产挂职两年，找到了自己的"科技小屋"，学会了"自找苦吃"，志存高远地想，脚踏实地地干，厚植爱农情怀，练就兴农本领，在乡村振兴主战场上展现青春力量。

——第二、三批郓城县双桥镇第一镇长　王贻鸿

农村广袤大地是我们农业工作者的终身舞台，谨记总书记的嘱托，将论文写在大地上，写入老百姓心中。脚踏实地显干劲，仰望星空凤梦想，我愿化作一粒种子在齐鲁大地上传承农科人对未来现代农业的不懈追求。

——第二、三批郓城县黄安镇第一镇长　高　磊

两年的挂职经历，不仅让我每天闻到土地的芬芳，感受乡里乡亲的热情，更让我全身心地投入乡村振兴的伟大事业中去，农兴国兴，农旺国强，不忘初心，矢志不渝。

——第二、三批郓城县李集镇第一镇长　张宏宝

两年脱产挂职，我将先进技术引进到所在乡镇，推动果树全产业链高质量发展，结出了看得见、摸得着的实实在在的成果。生产主战场让我有了用武之地，真正实现了自身价值。

——第二批郓城县玉皇庙镇第一镇长、果树研究所所长样板工程
执行专家、2022 年度"三个突破"十佳个人　董　放

两年的挂职工作让我深刻体会到，开展乡村振兴工作的重要性、复杂性和艰巨性，同时也为能亲身参与科技帮扶工作，并为打造科技引领型乡村振兴齐鲁样板贡献力量而感到骄傲。

——第二、三批郓城县侯咽集镇第一镇长　刘振林

撇家舍业到郓城，躺平摸鱼抛脑后，各显神通助提升，加油；

十佳个人在身边，兢兢业业受感染，思想觉悟得提高，实干；

科技引领兴乡村，合伙模式受认可，农科好郓是一家，再来！

——第三批郓城县郓州街道第一主任 杨 岩

科技帮扶是农业科研的战场，拉近了科研与农业的距离，打破了各研究所的专业局限，最大限度整合各研究所专业优势，集中解决农业实际问题。

——第三批郓城县武安镇第一镇长、经济作物研究所所长

样板工程执行专家 刘国栋

意志坚定、目标明确是打造乡村振兴科技引领型齐鲁样板示范县的基础保证，调查研究是打通科技进村入户（企）通道的前提条件，人才、品种、技术是实现乡村振兴的动力源泉。

——第三批郓城县水堡乡第一镇长 王美华

作为一名管理干部，挂职一年深切体会到基层工作人员的艰辛。同时在走访中也深刻感受到，先进技术对农民的帮助、农民对先进技术的渴望，使我对"把论文写在大地上"有了全新的认识，对科技帮扶工作的意义有了更深的理解。

——第三批郓城县唐庙镇第一镇长 苏文政

挂职以来，通过与玉米种植大户和企业接触合作，真正了解了他们的需求在哪里，认识到他们对科学种植技术的渴求，深感自己责任的重大。结合十几年的工作经验，把他们真正需求的技术凝练出来，帮助农民也提升自己。

——第三批郓城县南赵楼镇第一镇长 方志军

通过试验示范，让老百姓亲眼看到科技带来的效益，我们科研人员的工作才能最终赢得认可，科研成果才能真正落地，科学研究才能真正实现它的价值。

——第三批郓城县郭屯镇第一镇长　刘　波

一年的挂职，让我深切体会到农村的发展任重道远，意识到农村工作需要耐心和智慧，只有真正了解农民的需求和问题，才能提出切实有效的解决方案，实现科技引领农业产业高质量发展。

——第三批郓城县丁里长街道第一主任　卢绪振

在实验室里是很难发现生产问题的，做农业科研要经常往地里跑，往企业跑，从产业里发现科技需求和科学问题，才能明确我们的科研方向。

——第三批郓城县随官屯镇第一镇长　杨文龙

全新环境，从零做起，丰富了人生阅历；
发挥好桥梁纽带，锻炼交际、协作，增长了才干；
接触更多的事物，融合其他学科知识，提高了素质。

——第三批郓城县黄泥岗镇第一镇长　徐士振

一年挂职经历，一生郓城情节。既感受到了差距与不足，也积累了宝贵的经验，坚定了发展的信心。努力才有结果，投入就有回报，勤奋方出硕果，主动才有创新。我将把挂职经历作为人生宝贵财富，不断完善和超越自我，争取更大成绩。

——第三批郓城县张营街道第一主任　蒋恩顺

当稳妥被推崇为一种美德，懒惰就有了充足的理由。挂职前，曾一度失去工作激情；来郓后，和同志们在生产战场上一起打拼，为帮扶对象解决难题，一个个小成绩让我重拾自信，重新认识到自身的价值，激励不断勇往直前。

——第三批郓城县杨庄集镇第一镇长　杨金兴

通过打造乡村振兴科技引领型齐鲁样板示范县，找到了科技进村入户（企）的通道，使科技人员的新技术、新品种得以试验示范，老品牌、老品种得以提质增效，示范户的科技意识和科学种田水平得以提高。

——第三批郓城县潘渡镇第一镇长　王显苏

一年的挂职历练，服务意识得到增强，沟通能力有所提高，科研目标更加明确。为乡村振兴齐鲁样板打造，为齐鲁畜牧产业高质量发展贡献力量，将是我终生奋斗的目标。

——第三批郓城县程屯镇第一镇长　刘昭华

一年的脱产挂职锻炼，提高了我在农业生产一线发现问题、提出问题、解决问题的能力，体会到，新品种与新技术只有配套宣传推广，才会产生更大的效益。

——第三批郓城县张鲁集镇第一镇长　刘奇华

挂职让我开阔了视野，增长了见识，积累了宝贵的基层工作经验。同时深深体会到了基层工作的艰辛，也加深了与农民朋友的联系，更加坚定了做好本职工作的信心和决心。

——第三批郓城县黄集镇第一镇长　张维战

一年的挂职工作，让我走出实验室，来到生产一线，真正践行了"把论文写在大地上"。我将继续砥砺前行，为推动花生产业高质量发展，科技助力乡村振兴贡献力量。

——第三批郓城县陈坡乡第一乡长　宋　昱

脱产挂职锻炼让我体会到，只有深入基层，才能切实了解制约农业发展的卡脖子问题，科技助农，学以致用，我将以此为动力，以实际行动把论文写在大地上。

——第三批郓城经济开发区第一主任　姜潇潇

入职 15 年以来，第一次实质意义上离开单位、离开家庭，奔赴农业生产一线，驰骋在乡村振兴的主战场，为科普作之不止，不断开拓与科研同等重要的新实践。

——郓城科技示范园主任、2023 年度"三个突破"十佳个人　赵　佳

广袤大地是青年农科人的真正舞台。走出实验室，走到生产一线，以实际行动把论文写在大地上，从农业实践中发现问题，利用自身特长解决问题，研究出真能解决问题的科研成果，实现社会效益与经济效益显著提升，才是衡量科研成果的标尺。

——农业质量标准与检测技术研究所所长样板工程执行专家　宁明晓

挂职期间，与农民同吃同住，了解了农民的需求，也学习到了农民的好经验。基层锻炼，改变了我的思维方式，也提高了我的工作能力。这是我今后开展科研工作的基础，也是人生财富。

——蔬菜研究所所长样板工程执行专家　吕宏君

脱产挂职，不是镀金，不是享受，而是学习，更是锻炼。挂职代表的不仅

仅是自己，更是代表单位。挂职期间，我主动深入企业了解需求，积极对接所内外专家，在解决问题中提高了产业服务能力，与企业建立了良好的合作关系。这份经历，必将成为我今后开展科学研究的财富，受用终生。

——农产品研究所所长样板工程执行专家　弓志青

在挂职中体会到，不论是帮扶一个企业还是一个村，都要抓住问题的关键。执行好"所长样板"，突破"卡脖子"技术，发挥示范带动作用，是我始终的工作方向和目标。

——畜牧兽医研究所所长样板工程执行专家　时　光

挂职工作，让我开阔了视野，更准确地触摸到了企业发展的"卡脖子"问题，帮助企业寻找到了发展的突破口，自己的科研方向更加明确，深刻体会到了科技在企业人才和产品全方位升级中的引领作用。

——家禽研究所所长样板工程执行专家　闫遵祥

与郓城旺坡种植专业合作社建立利益共同体，作为科技合伙人，我更加有信心让科研成果落地，让老百姓获益，进一步将乡村振兴科技合伙人模式推广复制。

——休闲农业研究所所长样板工程执行专家　管　聪

科技服务"三农"，唯愿五谷丰登。一年来的挂职工作，让我深刻体会到"齐鲁农人"所肩负的乡村振兴的职责和使命，也更加坚定了我致心科技、躬耕沃土，助力大豆产业高质量发展的信心与勇气。

——农作物种质资源研究所所长样板工程执行专家　张小燕

走进生产，走进企业，才真正了解科研人员的成果能否发挥作用。在乡村振兴的战场上，作为年轻科研人员，要做给农民看、领着农民干、带着农民赚，真正将论文写在大地上，努力成为科技助力乡村振兴的中坚力量。

——葡萄研究院所长样板工程执行专家　吴玉森

挂职一年让我体会到，搞好乡村振兴工作，加强党的建设是干事创业的保障，团结一切可以团结的力量是重要抓手，抓住工作节奏点，才能打好共鸣鼓。

——农业机械科学研究院所长样板工程执行专家　王　斌

横跨三年的挂职经历让我明白，乡村振兴没有捷径。强烈的事业心，饱满的爱农热情，扎实的作风已刻入骨髓，这些宝贵的经历必将积淀成我终生的精神财富。

——第二批郓城指挥部成员、2023年度"三个突破"十佳个人　韩济峰

来到农业生产一线，深刻认识到农业科研终归要回归土地、回归农民。全院各领域专家身上的优秀品质，在郓城的每一个日夜，都是我今后工作的不竭动力。

——第二批郓城指挥部成员、2023年度"三个突破"十佳个人　张启超

从领导岗位上退下来，很庆幸再次选择奔赴生产一线，在服务乡村振兴的舞台上得到历练和提升。哪里需要就到哪里去。在乡村振兴的主战场上，大有可为，大有作为，退二进一，初心不改。

——郓城指挥部副指挥长　郜玉环

农科人到郓城，水乳交融、生死与共；好郓来产业兴，任重道远、砥砺前行；郓城乡村振兴梦定会早日圆。

——郓城指挥部指挥长　张文君

第七章 >>

未来可期——乡村振兴研究院

　　持续推进乡村振兴科技引领型齐鲁样板建设，2023年5月11日揭牌成立山东省首个县级乡村振兴研究院，建立长效合作机制。院地继续协同作战，形成"产业在这里、服务在这里，创新在这里、研发在这里，人才在这里、创业在这里"一家人式新发展格局，将点线面有机衔接、整县域一盘棋的"农科好郓"样板持续下去、推广开来，为全省乃至全国提供借鉴。

一、合伙发展新起点

2023 年 5 月 11 日，山东省农业科学院郓城乡村振兴研究院揭牌，这是齐鲁大地成立的首个县级乡村振兴研究院。

此举对于山东省农业科学院和郓城县来说，意义非凡。这个日子，既是打造乡村振兴科技引领型齐鲁样板实施三年，取得阶段性成果，即将画上圆满句号的时间节点，也是乡村振兴科技合伙人模式在山东全省乃至全国复制推广的起点。

暖风拂面，吹得人心情愉悦。当天，出席揭牌仪式的省、市、县有关部门及山东省农业科学院负责人，个个心情激动，有对过往取得成效的欣喜和自豪，也有对未来发展的憧憬与期待，他们的共同目标就是要为郓城的发展寻找新方向，用科技托起人民"稳稳的幸福"。

山东省委主题教育第十二巡回指导组副组长高燕，菏泽市副市长郓城县委书记姜凌刚，郓城县委副书记、随官屯镇党委书记苏怀光，郓城县委常委、办公室主任徐龙杰，山东省农业科学院党委书记李长胜，山东省农业科学院党委副书记贾无，山东省农业科学院党委委员、副院长杜方岭、陶吉寒、刘开昌出席活动。

李长胜和姜凌刚共同为"山东省农业科学院郓城乡村振兴研究院"揭牌。贾无代表山东省农业科学院党委致辞，对郓城科技示范县打造所取得的工作经验和成效表示肯定，并对新成立的郓城乡村振兴研究院提出四点要求：一要发挥好全院科研平台、人才、技术、成果优势，打造成为科技服务郓城乡村全面振兴的主阵地；二要加大模式复制推广，打造成为推广"乡村振兴科技合伙人"模式的主平台；三要力促科技产业无缝对接，打造成为青年人才培育的主载体；四要加强自身建设，打造成为院地合作的主抓手。同时表示，下一步将以研究院为纽带，与郓城县建立更加紧密的联系，强化院地合作，促进双方优势叠加、携手共赢，为打造乡村振兴齐鲁样板做出积极贡献。

苏怀光代表郓城县委致辞，对山东省农业科学院的科技帮扶工作给予高度赞赏，对该院为打造乡村振兴科技引领型齐鲁样板郓城示范县做出的贡献表示感谢。希望以此次乡村振兴研究院揭牌为契机，进一步巩固和加强与各位专家、各共建单位的沟通合作，充分发挥研究院的科研、人才、技术等资源优势，大胆探索、勇于实践，实现政产研学用有机结合，助推郓城农业高质量发展、乡村全面振兴。

此后不久，山东省农业科学院费县、招远乡村振兴研究院先后揭牌成立。在各示范县成立乡村振兴研究院，是山东省农业科学院党委从长计议，经过充分酝酿做出的决策。决策者认为，其必要性有如下几点：

一是支持示范县建设农业强县的需要。在中央农村工作会议上，习近平总书记强调："要依靠科技和改革双轮驱动加快建设农业强国"。农业强县是农业强国建设的重要组成部分，在全面加快建设社会主义现代化强国的新征程中，要把农业强县建设作为加快建设农业强国的主抓手。山东省农业科学院联合示范县共建研究院，是协同推进科技创新和体制机制创新，着力提升科技创新体系整体效能，打通从科技强到企业强、产业强、经济强通道的重要举措。

二是深化乡村振兴科技合伙人模式的需要。经过近三年的努力，基本完成示范县打造第一阶段任务，初步形成乡村振兴科技合伙人模式，有力推动了示范县产业增效、农民增收。乡村振兴科技合伙人模式今后还需进一步巩固、提升、拓展和检验，共建研究院，有利于进一步巩固模式成果、提升模式内涵、拓展模式经验，加快模式推广步伐。

三是打造新时代"翅膀论"创新实践基地的需要。建设研究院，可以持续推进科技要素融入乡村振兴，深入打造科技示范园、"三田合一"样板田、产业链等一批创新实践基地。这是实现科研任务"从生产中来、从需求中来、从市场中来"，科研成果"到生产中去、到农民中去、到企业中去"的有效路径；是贯彻落实习近平总书记"给农业插上科技的翅膀"重要指示精神，实现"练好内功，让翅膀坚强有力""强化引领支撑，将翅膀插在齐鲁大地上"的应有之义。

二、携手运行新机制

乡村振兴研究院是山东省农业科学院面向示范县进行乡村振兴共建的主平台，是科技服务现代农业高质量发展的主阵地。未来重点要做的工作，主要有六点：

一是做好院属部门单位和示范县的统筹协调工作，形成推动乡村振兴的工作合力，持续推进乡村振兴科技引领型齐鲁样板示范县建设走深走实；二是进一步巩固提升拓展乡村振兴科技合伙人模式，加快乡村振兴科技合伙人模式推广，做深做实共建科技示范园、产业链、产业研究院、科教兴村等模式载体；三是做好科技供给和科技需求协调对接工作；四是协助山东省农业科学院和地方做好各类科技创新、成果转化、示范推广等项目的实施；五是协助地方做好"争资金、争政策、争试点、引项目、引技术、引人才"三争三引"工作；六是履行研究院职责，承办山东省农业科学院和示范县交办的有关工作。

管理上机制上，乡村振兴研究院由山东省农业科学院和示范县共建共管，以山东省农业科学院管理为主。山东省农业科学院与示范县共同保障研究院的政治待遇，与院属、县属部门单位一样参加相关会议，直接向院和地方政府主要领导报告工作等。

——会商协调机制。乡村振兴研究院领导和当地分管同志建立会商协调机制，集中商讨研究院的工作。

——任务制定。年度任务由双方会商，结合示范县需求和山东省农业科学院党委工作安排，共同制定研究院年度工作任务，明确考核指标。

——年度考核。实行双考核，按照职责分工，乡村振兴研究院的相关工作任务分别纳入示范县和山东省农业科学院的考核体系。对任务进行分解，明确责任部门单位，示范县对涉及任务的部门和乡镇等进行考核，山东省农业科学院对涉及任务的部门和单位进行考核。

——党建工作。按照规定成立临时党支部，负责抓好乡村振兴研究院党的建设工作，并向山东省农业科学院和示范县相关主管部门做好汇报。

——保障机制。在经费方面，由院地共同保障，山东省农业科学院、示范县共同出资保障研究院正常运行。在人员方面，山东省农业科学院选派人员挂职，示范县选派人员可根据实际采取专职或兼职方式。在激励方面，为鼓励干部人才到研究院工作，山东省农业科学院出台文件，在岗位竞聘、职务晋升、科技项目主持等工作中，同等条件下给予优先考虑。

三、凝心聚力新征程

乡村振兴科技引领型齐鲁样板示范县打造三载，成效斐然，乡村振兴科技合伙人模式在探索实践中问世，在栉风沐雨中茁壮成长。纵观郓城大地，亮点凸显：科技示范园从无到有，荟萃了大量新品种、新技术，成为农业产业转型升级的基础和支撑；十大产业链经过延链、补链、强链，渐渐拉长、逐步完善，拉动了当地农业经济的高质量发展；数百个企业、专业合作社在市场风浪中搏击，不断发展壮大；上百个村庄集体经济由弱变强，显现出勃勃生机……

凡是过往，皆为序章。

郓城乡村振兴研究院的成立，掀开了鲁西南平原上这个千年古县历史崭新的一页。伴随乡村振兴农科模式的不断复制推广，科技人员将以"民呼我为"的生动实践，持续发力，推广更多新品种、新技术在这里落地生根、开花结果，不断续写新的答卷，共同推动郓城走向"高光时刻"。

有理由相信，郓城大地农业现代化前景广阔，乡村全面振兴未来可期！

致 谢

　　本书是在山东省农业科学院农业科技创新工程《鲁西南平原高效农业生态循环关键技术集成创新与示范》项目资金的支持下，由山东省农业科学院郓城指挥部牵头，在山东省农业科学院党委副书记贾无，菏泽市副市长、郓城县委书记姜凌刚，山东省农业科学院副院长陶吉寒的共同指导下，在乡村振兴科技引领型齐鲁样板郓城示范县创新实践的基础上凝练而成。

　　本书由山东省农业科学院郓城指挥部张文君、郜玉环、赵佳等人主要执笔完成。在调查整理中，郓城挂职人员提供了大量的宝贵经验和资料信息；在产业链环节，得到了各产业链连长的大力支持；在撰写过程中，得到了郓城县委县政府、各部门、村企镇领导的鼎力相助；在文稿把握上，《农村大众》《大众网》《海报新闻》等媒体朋友给予了全面的指导；在核稿校稿中，郓城挂职人员提出了很多建设性的意见建议。

　　在此，一并致以衷心感谢。